SOCIÉTÉ DE L'HISTOIRE DE LA RÉVOLUTION FRANÇAISE

Registre des Délibérations

DU

CONSULAT

PROVISOIRE

20 brumaire-3 nivôse an VIII (11 novembre-24 décembre 1799)

PUBLIÉ POUR LA PREMIÈRE FOIS

D'APRÈS LE MANUSCRIT DES ARCHIVES NATIONALES

PAR

F.-A. AULARD

PARIS, AU SIÈGE DE LA SOCIÉTÉ
3, RUE DE FURSTENBERG, 3
1894

SOCIÉTÉ
DE
L'HISTOIRE DE LA RÉVOLUTION FRANÇAISE

Comité directeur et Bureau :

Président d'honneur : M. CARNOT, président de la République.

Président : M. JULES CLARETIE, de l'Académie française.

Vice-présidents : MM. NOEL PARFAIT, ancien député ; — JULES GUIFFREY, archiviste paléographe, directeur de la manufacture nationale des Gobelins.

Secrétaire général : M. AULARD, professeur d'histoire de la Révolution française à la Faculté des lettres de Paris.

Secrétaire général adjoint et Trésorier : M. ÉTIENNE CHARAVAY, archiviste paléographe.

Membres du Comité directeur :

MM. A. BRETTE, publiciste ; — A. BURDEAU, député, ministre des finances ; — EDME CHAMPION, publiciste ; — CH.-L. CHASSIN, publiciste ; — A. DEBIDOUR, inspecteur général de l'Université ; — H. DEPASSE, chef du cabinet du ministre de l'instruction publique ; — A. DIDE, ancien sénateur ; — DOUARCHE, conseiller à la Cour d'appel de Paris ; — ANTONIN DUBOST, député, ministre de la justice ; — ADRIEN DUVAND, publiciste ; — FRANÇOIS FLAMENG, artiste peintre ; — FLAMMERMONT, professeur à la Faculté des lettres de Lille ; — GUILLAUME, secrétaire de la *Revue pédagogique ;* — ERNEST HAMEL, sénateur ; — KAEMPFEN, directeur des musées nationaux ; — LARROUMET, membre de l'Institut, professeur à la Faculté des lettres de Paris ; — LAURENT, bibliothécaire en chef de la Chambre des députés ; — LIARD, directeur de l'enseignement supérieur au ministère de l'Instruction publique ; — JEAN MACÉ, sénateur, président de la Ligue de l'enseignement ; — H. MONIN, professeur d'histoire au collège Rollin ; — CAMILLE PELLETAN, député ; — ANTONIN PROUST, ancien député ; — ALFRED RAMBAUD, professeur à la Faculté des lettres de Paris ; — ROBIQUET, avocat au Conseil d'Etat ; — THÉNARD, ancien professeur au lycée Hoche ; — MAURICE TOURNEUX, publiciste ; — A. TUETEY, sous-chef de section aux Archives nationales.

Toutes les communications relatives à la rédaction de la *Revue* doivent être adressées à M. AULARD, place de l'Ecole, 1, Paris.

Registre des Délibérations

DU

CONSULAT PROVISOIRE

SOCIÉTÉ DE L'HISTOIRE DE LA RÉVOLUTION FRANÇAISE

Registre des Délibérations

DU

CONSULAT

PROVISOIRE

20 brumaire-3 nivôse an VIII (11 novembre-24 décembre 1799)

PUBLIÉ POUR LA PREMIÈRE FOIS

D'APRÈS LE MANUSCRIT DES ARCHIVES NATIONALES

PAR

F.-A. AULARD

PARIS, AU SIÈGE DE LA SOCIÉTÉ

3, RUE DE FURSTENBERG, 3

1894

Avertissement de l'Éditeur

On sait que le coup d'État des 18 et 19 brumaire an VIII amena la suppression du Directoire exécutif et la création provisoire d'une Commission consulaire exécutive, composée des ex-Directeurs Siéyès et Roger Ducos et du général Bonaparte. Cette Commission, connue dans l'histoire sous le nom de Consulat provisoire, siégea du 20 brumaire an VIII au 3 nivôse suivant (11 novembre-24 décembre 1799), époque où, par la mise en activité de la nouvelle Constitution, elle céda la place aux trois consuls Bonaparte, Cambacérès et Le Brun.

Le procès-verbal des trente-neuf séances que tinrent les Consuls provisoires se trouve aux Archives nationales, transcrit sur un registre in-folio, coté AF* IV, 3 (1) : c'est ce document que nous publions.

Non seulement ce registre est inédit, mais fort peu d'historiens l'ont consulté. C'est cependant une des

(1) Les minutes de ces procès-verbaux se trouvent dans le carton AF IV, 911.

sources officielles les plus importantes pour l'histoire de la période de transition qui suivit le coup d'État de brumaire.

Sans doute, les procès-verbaux du Consulat provisoire sont rédigés avec la même sécheresse que l'avaient été ceux du Conseil exécutif, du Comité de salut public et du Directoire. Les discussions n'y sont indiquées qu'en quelques mots vagues, non par négligence du secrétaire, mais parce que les Consuls provisoires, suivant en cela l'exemple de leurs prédécesseurs, ne voulaient pas laisser de traces écrites de leurs débats intérieurs et de leurs hésitations. Ils n'ont guère fait inscrire sur le registre que des arrêtés et des actes.

Mais la suite de ces arrêtés et de ces actes est fort instructive. Ce n'est que là que l'on peut retrouver un tableau authentique de la politique du gouvernement immédiatement issu du coup d'État.

Faute d'avoir consulté ce registre, presque tous les historiens, se copiant les uns les autres, ont répété qu'aussitôt après les événements de Saint-Cloud, Bonaparte s'empara de la présidence et la garda : on verra, au contraire, que dès leur première séance les Consuls provisoires décidèrent que chacun d'entre eux présiderait à tour de rôle pendant vingt-quatre heures, sous le nom de *Consul de jour*, et que cet ordre fut suivi exactement jusqu'à la dernière séance, de manière à empêcher toute suprématie officielle d'un des trois Consuls sur les deux autres.

Sans doute Bonaparte fut le plus influent des trois, mais il est faux de dire qu'il exerça dès lors une dictature incontestée.

On trouvera aussi, dans ce registre, des renseignements indirects sur les résistances isolées que le coup d'État rencontra, puisqu'on y relate des révocations d'administrateurs opposants.

On y verra en outre comment le pouvoir exécutif s'arrogea en fait l'initiative des lois auprès du simulacre de représentation nationale qui avait été conservé sous le nom de Commissions législatives des deux Conseils.

Le Consulat provisoire est mal connu, et l'histoire en a été jusqu'ici superficiellement écrite. La publication de ce registre prouvera peut-être la nécessité de reprendre à nouveau cette histoire, dont l'importance est grande : les conditions dans lesquelles se développera la France du xixe siècle furent en partie décidées pendant ces jours de tâtonnements qui suivirent le 18 brumaire.

Nous reproduisons ce registre littéralement, à cette exception près que, selon notre habitude, nous avons tâché de rectifier les noms de personnes et de lieux, qui y sont trop souvent défigurés, comme d'ailleurs dans presque tous les documents imprimés ou manuscrits de cette époque. Là où il ne nous a pas été possible de rectifier ou d'identifier, le lecteur en sera averti par des points d'interrogation placés dans le texte à la suite des mots douteux.

Les notes que nous avons ajoutées paraîtront peut-être trop rares et trop courtes. Mais nous n'avons pas prétendu élucider toutes les questions historiques soulevées par le document que nous publions : nous avons voulu seulement donner les renseignements indispensables à l'intelligence du texte.

F.-A. A.

REGISTRE DES DÉLIBÉRATIONS

DU

CONSULAT PROVISOIRE

PREMIÈRE SÉANCE

L'an huitième de la République française,
le 20 brumaire, à midi.

Les citoyens Siéyès, Roger Ducos et Bonaparte, nommés par la loi du jour d'hier membres de la Commission consulaire exécutive établie par la même loi, se sont réunis dans une des salles du palais national du Luxembourg à Paris, à l'effet d'entrer en exercice des fonctions à eux déléguées par ladite loi.   Installation du gouvernement provisoire (1).

Il en a été fait lecture : elle est ainsi conçue :

« Loi du 19 brumaire, l'an VIII de la République française une et indivisible.   Loi du 19 brumaire.

« Le Conseil des Anciens, adoptant les motifs de la déclaration d'urgence qui précède la résolution ci-après, approuve l'acte d'urgence.

« Suit la teneur de la déclaration d'urgence et de la résolution.

---

(1) Nous reproduisons ces indications marginales telles qu'elles se trouvent au registre, jusqu'au 2 frimaire an VIII. A partir de cette date, elles sont si rares et si peu claires que nous avons cru devoir les rédiger nous-même.

« Du 19 brumaire an VIII :
« Le Conseil des Cinq-Cents, considérant la situation de la République ;
« Déclare l'urgence et prend la résolution suivante :

« ARTICLE PREMIER. — Il n'y a plus de Directoire, et ne sont plus membres de la représentation nationale pour les excès et les attentats auxquels ils se sont constamment portés, et notamment le plus grand nombre d'entre eux dans la séance de ce matin, les individus ci-après nommés :

« Joubert (de l'Hérault), Jouenne (1), Talot, Duplantier (de la Gironde), Aréna, Garrau, Quirot, Leclerc-Scheppers, Brixhe (de l'Ourthe), Poullain-Grandprey, Bertrand (du Calvados), Goupilleau (de Montaigu), Daubermesnil, Marquezy, Guesdon, Grandmaison, Groscassand-Dorimond, Frison, Dessaix, Bergasse-Larizoule, Montpellier, Constans (des Bouches-du-Rhône), Briot, Destrem, Carrère-Lagarière, Gauran, Legot, Blin, Boulay-Paty, Soulhié, Demoor, Bigonnet, Mentor, Boissier, Bailly (de la Haute-Garonne), Bouvier, Brichet, Honoré Declerck, Housset, Gastin (du Var), Laurent (du Bas-Rhin), Beyts, Prudont, Porte, Truc, Delbrel, Leyris, Doche-Delisle, Stevenotte, Jourdan (de la Haute-Vienne), Lesage-Senault, Chalmel, André (du Bas-Rhin), Dimartinelli, Collombel (de la Meurthe), Philippe, Moreau (de l'Yonne), Jourdain (d'Ille-et-Vilaine), Letourneux, Cittadella, Bordas.

« ART. 2. — Le Corps législatif crée provisoirement une Commission consulaire exécutive, composée des citoyens Siéyès, Roger Ducos, ex-directeurs, et Bonaparte, général, qui porteront le nom de Consuls de la République française.

« ART. 3. — Cette Commission est investie de la plé-

---

(1) C'est Jouenne-Longchamp, membre du Conseil des Cinq-Cents, ex-député du Calvados à la Convention.

nitude du pouvoir directorial et spécialement chargée d'organiser l'ordre dans toutes les parties de l'administration, de rétablir la tranquillité intérieure et de procurer une paix honorable et solide.

« ART. 4. — Elle est autorisée à envoyer des délégués avec un pouvoir déterminé et dans les limites du sien.

« ART. 5. — ˚e Corps législatif s'ajourne au 1ᵉʳ ventôse prochai.. ıı se réunira de plein droit, à cette époque à Paris, dans ses palais.

« ART. 6. — Pendant l'ajournement du Corps législatif, les membres ajournés conservent leur indemnité et leur garantie constitutionnelle.

« ART. 7. — Ils peuvent, sans perdre leur qualité de représentants du peuple, être employés comme ministres, agents diplomatiques, délégués de la commission consulaire exécutive, et dans toutes les autres fonctions civiles; ils sont même invités, au nom du bien public, à les accepter.

« ART. 8. — Avant sa séparation, et séance tenante, chaque Conseil nommera dans son sein une Commission, composée de vingt-cinq membres.

« ART. 9. — Les Commissions nommées par les deux Conseils statueront, avec la proposition formelle et nécessaire de la Commission exécutive, sur tous les objets urgents de police, de législation et de finances.

« ART. 10. — La Commission des Cinq-Cents exercera l'initiative, la commission des Anciens l'approbation.

« ART. 11. — Les deux Commissions sont encore chargées de préparer, dans le même ordre de travail et de concours, les changements à apporter aux dispositions organiques de la Constitution dont l'expérience a fait sentir les vices et les inconvénients.

« ART. 12. — Ces changements ne peuvent avoir pour but que de consolider, garantir et consacrer inviolablement la souveraineté du peuple français, la République une et indivisible, le système représentatif, la division des pouvoirs, la liberté, l'égalité, la sûreté et la propriété.

« ART. 13. — La Commission consulaire exécutive pourra leur présenter ses vues à cet égard.

« ART. 14. — Enfin les deux Commissions sont chargées de préparer un code civil.

« ART. 15. — Elles siégeront à Paris dans le palais du Corps législatif et elles pourront le convoquer extraordinairement pour la ratification de la paix ou dans un plus grand danger public.

« ART. 16. — La présente sera imprimée, envoyée par des courriers extraordinaires dans les départements, et solennellement publiée et affichée dans toutes les communes de la République.

« *Signé :* LUCIEN BONAPARTE, président ;
ÉMILE GAUDIN, BARA, secrétaires.

« Après une seconde lecture, le Conseil des Anciens approuve la résolution ci-dessus.

« *Signé :* JOSEPH CORNUDET, ex-président ;
HERWYN, ex-secrétaire ; P.-C. LAUSSAT,
ex-secrétaire. »

Un membre propose de renouveler le serment déjà prêté hier, dans le sein de l'un et de l'autre Conseil législatif. Cette proposition est adoptée. Chacun des membres prononce le serment en ces termes : « Je jure fidélité à la République une et indivisible, à la liberté et à l'égalité et au système représentatif. »

Après la prestation de ce serment, les citoyens Sièyès, Roger Ducos et Bonaparte se sont constitués en Commission consulaire exécutive, et ont arrêté que leurs actes seront signés, en minute, par les trois Consuls, et expédiés pour copie conforme, signés seulement du secrétaire général.

Le citoyen Lagarde est chargé d'en faire les fonctions provisoirement ; il prête à cet effet le serment dans les termes ci-dessus et prend place au bureau.

On propose de nommer un président. Les Consuls décident qu'il n'en sera point nommé, mais que les fonctions en seront remplies alternativement chaque jour par un des Consuls.

Ordre de la présidence.

Cet ordre commence par le citoyen Bonaparte. Le nom du Consul du jour sera toujours mis en tête du procès-verbal (1).

On procède à la nomination des ministres.

Nomination des ministres.

Sont nommés :

Ministre de la justice, le citoyen Cambacérès.

Ministre des relations extérieures, le citoyen Reinhard.

Ministre de la police générale, le citoyen Fouché (de Nantes) ; tous trois déjà ministres des mêmes départements.

Ministre de la guerre, le citoyen Berthier, général de division ;

Ministre des finances, le citoyen Gaudin, commissaire central près les postes.

La nomination des ministres de l'intérieur et de la marine est ajournée à demain.

On adresse aux citoyens Cambacérès, Reinhard et Fouché l'ordre de se rendre sur-le-champ au lieu des séances des Consuls, pour y prêter le serment et être installés.

On transmet aux citoyens Berthier et Gaudin expédition de leur nomination.

Les citoyens Cambacérès, Reinhard et Fouché (de

---

(1) Cependant, comme on l'a vu, on omit de mettre le nom de Bonaparte en tête du procès-verbal de la séance du 20 brumaire, tandis que le nom du Consul de jour figure en tête de tous les autres procès-verbaux.

Nantes) sont successivement annoncés et introduits ; ils acceptent leur nomination, prêtent le serment dans les mêmes termes que les Consuls et sont installés chacun dans le ministère qui lui est confié.

Le citoyen Gaudin est aussi introduit ; il déclare accepter sa nomination, prête le serment requis, et est pareillement installé en qualité de ministre des finances.

On informe les citoyens Dubois-Crancé et Robert Lindel de la nomination de leurs successeurs, et on leur mande à l'un et à l'autre de leur faire de suite la remise du portefeuille.

Fonctionnaires institués par le Directoire.

Sur le rapport du ministre de la justice, les Consuls arrêtent que les fonctionnaires institués par le Directoire exécutif, et dont les pouvoirs n'ont pas été révoqués, continueront à exercer, en vertu de leur nomination, jusqu'à ce qu'il en ait été autrement ordonné.

On propose de procéder à la nomination du secrétaire-général. Les Consuls jugent convenable à l'expédition des affaires de créer un adjoint pour cette place.

Citoyen Maret, secrétaire général ; citoyen Lagarde, secrétaire adjoint.

Le citoyen Hugues-Bernard Maret est nommé secrétaire général des Consuls de la République, et le citoyen Joseph-Jean Lagarde, secrétaire général adjoint.

Ils arrêtent que le citoyen Lagarde signera comme adjoint en l'absence du citoyen Maret.

Le citoyen Maret est introduit ; il prête serment dans les termes ci-dessus et est installé en qualité de secrétaire général.

Le citoyen Lagarde, qui avait prêté le serment à l'ouverture de la séance, est installé en qualité de secrétaire général adjoint.

Tous deux prennent place au bureau.

Proclamation des lois du 19 brumaire.

Les Consuls ordonnent que la loi du 19 du présent mois, ci-dessus transcrite, ensemble une autre loi du même jour, contenant une proclamation du Corps Législatif aux Français sur les événements de cette journée, seront publiées, exécutées et qu'elles seront munies du sceau de la République; elles sont encore adressées à l'enregistrement, pour deux expéditions de chacune être envoyées au ministre de la justice, avec l'arrêté portant ordre d'impression et de publication dans les formes prescrites par les lois.

Les Consuls délibèrent ensuite sur l'exécution de l'art. 3 de la première de ces lois qui les charge spécialement de rétablir la tranquillité intérieure; ils arrêtent que les nommés : Destrem, Arena, Marquezy et Truc, ex-députés, Félix Le Peletier, Charles Hesse, Scipion Duroure, Gagny, Massard, Fournier, Giraud, Fiquet, Bach, Boyer, Vaneck, Michel-Brutus Maignet, Marchand, Gabriel Mamin, J. Sabatier, Clémence, Marné, Jourdeuil, Metge, Mourgoing, Corchand, Maignan (de Marseille), Henrion, Lebois, Soulavie, Dubreuil, Didier, Lamberté, d'Aubigny, Xavier Audouin, sortiront du territoire continental de la République française sans pouvoir y rentrer, jusqu'à ce qu'il soit autrement ordonné.

<small>Déportation.</small>

Les Consuls ordonnent, par le même arrêté, que Briot, Antonelle, Lachevardière, Poullain-Grandprey, Grandmaison, Talot, Daubermesnil, Frison, Declercq, Lesage-Senault, Prudhon, Grocassand-Dorimond, Guesdon, Julien (de Toulouse), Sonthonax, Tilly, ex-chargé d'affaires à Gênes, Stevenotte, Gastin et Delbrel seront tenus de se rendre dans la commune de La Rochelle, département de la Charente-Inférieure, pour être ensuite conduits et retenus dans tel lieu de ce département qui sera indiqué par le ministre de la police générale (1).

Les individus compris dans ces deux mesures seront dessaisis de l'exercice de tout droit de propriété, et la remise ne leur en sera faite que sur la preuve authentique de leur arrivée au lieu fixé par ledit arrêté.

<small>(1) Dans la liste de ces proscrits, la plupart des journaux (et entre autres le *Moniteur* du 29 brumaire an VIII) ajoutèrent le nom du général Jourdan. On voit qu'il ne figure pas dans le texte officiel et original de l'arrêté des Consuls. Comme il ne fut pas inquiété, on en conclut que les Consuls l'avaient rayé après coup. On voit que c'est là une légende.</small>

Seront pareillement dessaisis de l'exercice de ce droit ceux qui quitteront les lieux où ils se seront rendus, ou celui où ils auront été conduits en vertu des dispositions précédentes (1).

La séance est levée.

LE SECRÉTAIRE GÉNÉRAL (2).

DEUXIÈME SÉANCE

Du 21 brumaire.

LE CITOYEN ROGER DUCOS, CONSUL DE JOUR

La séance s'ouvre à midi.

Message aux Commissions législatives. — Les Consuls de la République arrêtent l'envoi d'un message à l'une et à l'autre Commission des Conseils législatifs, pour leur donner avis qu'en exécution de la loi du 19 de ce mois, ils se sont installés hier dans le palais national qui leur était destiné (3).

Ce message est expédié de suite, et remis à un messager d'État.

Nomination des ministres de la marine et de l'intérieur. — Les Consuls procèdent à la nomination du ministre de l'intérieur et de la marine, dont la nomination avait été ajournée à aujourd'hui.

Le citoyen Laplace, membre de l'Institut national, est nommé ministre de l'intérieur, et le citoyen Bourdon, ministre de la marine et des colonies.

On leur adresse à chacun expédition de la nomination.

---

(1) Cet arrêté fut rapporté le 4 frimaire suivant. (Voir plus loin, p. 43.)
(2) Ces procès-verbaux ne sont revêtus d'aucune signature.
(3) C'était le palais du Luxembourg.

Les Consuls arrêtent une proclamation sur les 18 et 19 de ce mois (1). *Proclamation aux Français.*

Le citoyen Laplace et le citoyen Bourdon sont successivement introduits ; ils prêtent serment d'être fidèles à la République une et indivisible, à la liberté, à l'égalité et au système représentatif, et sont installés, le premier en qualité de ministre de l'intérieur, le second en celle de ministre de la marine.

Les Consuls informent par une lettre le citoyen Quinette de la nomination de son successeur, et lui mandent de faire sur le champ la remise du portefeuille au citoyen Laplace ; les Consuls témoignent en même temps au citoyen Quinette leur estime fondée sur ses longs services et sur les honorables souffrances que son dévouement lui a values dans une circonstance difficile (2).

Un messager, envoyé par la Commission législative des Anciens, est introduit et remet aux Consuls un message, par lequel cette Commission les informe de son installation. *Messager de la Commission législative des Anciens.*

Le même messager d'État remet aux Consuls une expédition de l'acte du Conseil des Anciens, du 19 de ce mois, contenant la nomination des membres composant cette Commission. *Acte du Conseil des Anciens.*

Les Consuls ordonnent que cet acte sera publié, exécuté et qu'il sera muni du sceau de la République ; il est en conséquence adressé à l'enregistrement, pour deux expéditions en être envoyées au ministre de la justice, avec l'arrêté portant ordre d'impression et de publication. *Proclamation de cet acte.*

La Commission législative du Conseil des Cinq-Cents informe aussi par un message les Consuls de son installation dans le palais du Conseil où elle siégera tous les jours. *Message de la Commission des Cinq-Cents.*

---

(1) Cette proclamation fut dictée par Bonaparte. On en trouvera le texte dans la *Correspondance de Napoléon Ier*, t. VI, n° 4391.

(2) On trouvera cette lettre dans le *Moniteur* du 24 brumaire an VIII.

Le général Lannes. Les Consuls nomment le général Lannes leur commissaire extraordinaire dans l'arrondissement commandé par le général Frégeville, et le chargent d'y faire prêter le serment républicain par toutes les autorités civiles et militaires et par les gardes nationales sédentaires et soldées; il fera répandre et publier les lois, arrêtés et proclamations relatifs à la journée du 18 brumaire, et se conformera au surplus aux instructions qui lui seront données par le ministre de la guerre.

Le citoyen Charles Duval. Les Consuls arrêtent que la nomination du citoyen Charles Duval, en remplacement du citoyen Niou, aux fonctions de commissaire pour l'échange des prisonniers français en Angleterre, est rapportée.

TROISIÈME SÉANCE

Du 22 brumaire.

Durée des fonctions du Consul de jour. On arrête que les fonctions de Consul de jour commenceront tous les soirs à la fin de la séance, ou à cinq heures du soir les jours où il n'y en aura point.

En conséquence, le citoyen Roger Ducos continue à faire les fonctions de Consul de jour jusqu'à la fin de la séance.

Le Consul de jour entrant en fonctions sera indiqué à la fin du procès-verbal de chaque séance.

Loi du 24 messidor an VII. Otages. Il est fait lecture de la correspondance. Le ministre de la police générale appelle l'attention des Consuls sur les inconvénients graves résultant de la loi du 24 messidor an VII relative aux otages; il observe que cette loi devenue funeste surtout parce qu'elle a été un instrument de haine et de vengeance, a été le motif pour quelques-uns et le prétexte pour le plus grand nombre de toutes les discordes civiles qui troublent les départements de l'Ouest; il demande aux Consuls de proposer aux Conseils législatifs le rapport de cette loi aussi contraire à l'équité qu'à la politique, et présente un projet de message à la Commission législative du Conseil des Cinq-Cents, rédigé dans ce sens.

Les Consuls adoptent la proposition et le projet de message; il est expédié de suite et remis à un messager d'État.

Message à la Commission des Cinq-Cents.

Le ministre de la justice soumet aux Consuls des observations :

1° Sur la nécessité d'une loi qui, d'après les mesures de salut public, consacrées par celles du 19 de ce mois, impose à tous les fonctionnaires publics l'obligation de prêter, comme les Consuls l'ont fait entre les mains du Corps législatif, le serment de fidélité à la République fondée sur les trois grands bases de la liberté, de l'égalité et du système représentatif.

Serment prêté par tous les fonctionnaires publics.

2° Sur le besoin d'une autre loi qui, en conformité de ce qui est réglé pour la Haute-Cour, autorise les membres des tribunaux criminels à s'adjoindre un nombre déterminé de jurés et de juges dans le cas où ils présumeront que la durée de l'instruction et des débats peut rendre cette précaution nécessaire.

Membres des tribunaux criminels.

Le ministre invite à faire aux Commissions législatives la proposition formelle et nécessaire de statuer sur ces deux objets; il présente deux projets de message à la Commission législative du Conseil des Cinq-Cents, contenant l'une et l'autre proposition : les Consuls en adoptent la rédaction et en ordonnent l'envoi.

Message à la Commission des Cinq-Cents.

Ils adoptent pareillement un autre projet de message à la même Commission, présenté par le ministre de la guerre, ayant pour objet de proposer au Corps législatif de suspendre l'exécution de la loi du 23 fructidor dernier, relative au personnel de l'armée, et de mettre en masse à la disposition du ministre de la guerre la totalité de la somme accordée pour la solde pendant l'an VIII,

Loi du 23 fructidor dernier. Personnel.

sauf à lui à rendre compte de la dépense de chaque corps au 1ᵉʳ ventôse prochain.

Personnes marquantes dans les pays ennemis.

Le même ministre invite les Consuls à examiner s'il ne conviendrait pas de donner l'ordre aux généraux de faire arrêter comme otages des personnes marquantes dans les pays ennemis où les troupes de la République pourraient pénétrer; les Consuls approuvent cette mesure.

Destitutions.

Sur le rapport du ministre de l'intérieur, les Consuls destituent les citoyens Bunou, administrateur municipal du 1ᵉʳ arrondissement de Paris; Denos, Viguier et Piron, administrateurs du 2ᵉ arrondissement; Magendie, Laboulée et Perrin, administrateurs du 10ᵉ arrondissement; Julien (de Toulouse) et Henrion, administrateurs du 11ᵉ arrondissement du même canton.

Réorganisation d'une administration municipale.

L'administration du 10ᵉ arrondissement se trouvant réduite à un membre par la démission du citoyen Plougenet, le ministre de l'intérieur présente des candidats, qui sont adoptés.

Distribution des fonds disponibles.

Le ministre des finances met sous les yeux des Consuls l'état des fonds disponibles à la Trésorerie nationale pendant la présente décade, et les demandes des divers ordonnateurs; il soumet ses observations pour l'emploi de ces fonds et présente quatre projets de décisions pour leur distribution, pour les dépenses des exercices des années V, VI, VII et VIII. Les Consuls adoptent cette répartition.

Lois des 17, 19 et 22 brumaire.

Un messager d'Etat, envoyé par la Commission législative du Conseil des Anciens, est introduit et remet aux Consuls six lois.

La première, du 17 de ce mois, établit un octroi municipal en faveur de la commune de Langres.

La seconde, du 19, accorde un semblable octroi à la commune de Pontivy.

La troisième, du même jour, consacre la reconnaissance nationale envers les généraux, officiers, et corps militaires qui ont bien mérité de la patrie dans la journée du 19 brumaire.

La quatrième, du même jour, déclare que l'armée du Rhin a bien mérité de la patrie.

La cinquième, du même jour, prohibe l'exportation des pierres à fusil.

La sixième, de ce jourd'hui, rapporte la loi du 24 messidor an VII, relative aux otages, et ordonne la mise en liberté de tous les individus arrêtés en vertu de ladite loi.

Les Consuls ordonnent que les six lois, ci-dessus mentionnées, seront publiées, exécutées et qu'elles seront munies du sceau de la République ; elles sont en conséquence adressées de suite à l'enregistrement, pour deux expéditions de chacune être envoyées au ministre de la justice, avec l'arrêté portant ordre d'impression et de publication dans les formes prescrites par les lois. *Proclamation de ces lois.*

Les Consuls rapportent l'arrêté du 4 de ce mois qui nomme le citoyen Boulouvard consul à Gênes. *Citoyen Boulouvard.*

La séance est levée.

Le citoyen Siéyès est déclaré consul de jour.

LE SECRÉTAIRE GÉNÉRAL.

QUATRIÈME SÉANCE

Du 23 brumaire.

LE CITOYEN SIÉYÈS, CONSUL DE JOUR

La séance est ouverte par la lecture de la correspondance.

Les officiers du 8ᵉ régiment de dragons félicitent les Consuls, dans une adresse, sur les événements des 18 et 19 de ce mois. *Officiers du 8ᵉ rég. de dragons.*

Ordre du travail du portefeuille.

Les Consuls fixent le travail du portefeuille ; il aura lieu pour les ministres de la justice, de la police, de l'intérieur et des finances, les 2, 4 et 8, et pour ceux des relations extérieures, de la marine et de la guerre, les 3, 7 et 9 de la décade.

Les Consuls recevront tous les jours à midi les ministres et le commandant de la 17ᵉ division militaire. Ceux des ministres qui sont à l'ordre du jour pour le travail du portefeuille pourront se dispenser de cette conférence.

Pétitions.

Les Consuls arrêtent qu'ils ne recevront point de pétitions ; elles devront être adressées à celui des ministres que l'objet de la demande concerne.

Emprunt forcé.

Le ministre des finances est introduit et fait le rapport qui lui a été ordonné sur l'emprunt forcé (1) ; il démontre que le système de cet impôt progressif, désastreux en lui-même, devait produire le double effet d'ajouter à l'avilissement des propriétés, en compromettant la fortune des propriétaires, et de priver la classe industrieuse des moyens d'existence qu'elle ne trouve plus dans son travail. Le crédit public exigeant que l'on fasse promptement disparaître du code de notre législation une loi qui la déshonore, le ministre estime que, pour procurer au Trésor public les ressources dont il a besoin, il serait avantageux de substituer à l'emprunt une contribution de guerre, réglée dans la proportion de vingt-cinq centimes des contributions foncière, mobiliaire et somptuaire.

Subvention de guerre.

Les Consuls adoptent l'opinion du ministre et arrêtent l'envoi d'un message à la commission législative du Conseil des Cinq-Cents, ayant pour objet de lui proposer le rapport de la loi sur l'emprunt et la substitution à cet impôt d'une subvention de guerre dans la proportion indiquée dans le rapport ci-dessus.

Message à la Commission des Cinq-Cents.

On adresse à la même Commission les trois messages arrêtés hier, relatifs à la formule du serment, aux tribu-

---

(1) Il s'agit de la loi des 10 messidor et 19 thermidor an VIII, qui établissait un emprunt forcé en forme d'impôt progressif.

naux criminels et aux dépenses de la guerre pour l'an VIII.

Les Consuls confèrent sur divers objets politiques et militaires.

La séance est levée; le citoyen Bonaparte est déclaré Consul de jour.

CINQUIÈME SÉANCE

Du 24 brumaire.

LE CITOYEN BONAPARTE, CONSUL DE JOUR

La séance est ouverte par la lecture de la correspondance.

On adresse à la Commission législative du Conseil des Cinq-Cents le message arrêté hier relativement au rapport de la loi sur l'emprunt. *Message à la Commission des Cinq-Cents.*

Les Consuls délibèrent sur la direction de l'armée d'Orient; le général Kléber est nommé commandant en chef de cette armée. *Général Kléber.*

Le ministre de la justice fait un rapport sur une contestation portée par appel au tribunal civil du département du Pas-de-Calais, relative au navire *la Jeune-Catherine*, capturé le 22 pluviôse an VI par le corsaire français *le Hasard;* laquelle contestation présente la question de savoir si les habitants de l'électorat de Hanovre, compris dans la ligne de démarcation tracée par le traité de Bâle, devaient à l'époque du 4 nivôse an VI être considérés comme des neutres. *Navire la Jeune Catherine.*

Le ministre établit que, d'après ledit traité, l'électorat de Hanovre étant placé derrière la ligne de démarcation, doit jouir des bénéfices de la neutralité. *Electorat de Hanovre.*

Les Consuls approuvent cette opinion.

Arrestation et transportation.

Sur le rapport du même ministre, ils ordonnent l'arrestation et la transportation sur la rive droite du Rhin du prévôt du couvent de Larrsvader (?), et du prieur de celui de Grevensbosch, département de la Roër, comme ayant tous deux, au mépris des règlements, disposé de leur couvent, sans passeport.

Citoyen Lacroix.

Sur la proposition du ministre de l'intérieur, le citoyen Lacroix, membre de l'Institut national, est nommé à la troisième place d'instituteur d'analyse à l'École polytechnique, en remplacement du citoyen Lagrange, démissionnaire.

Contributions.

Le ministre des finances soumet aux Consuls des observations :

1° Sur les retards qui résultent pour la confection des rôles des contributions de la mauvaise organisation de l'agence chargée d'en surveiller la perception, et sur les avantages qu'il y aurait à substituer à cette agence une direction de contributions directes, composée dans chaque département d'un directeur, d'un inspecteur et de six à douze contrôleurs;

2° Sur un nouveau plan de perception des contributions, qu'il croit propre à assurer la régularité des rentrées et qui consiste à astreindre les receveurs généraux des départements à fournir des soumissions, de verser les contributions directes en douze termes, pour chacun desquels ils souscriraient des rescriptions payables le 1er de chaque mois fixé; à obliger les mêmes à fournir un cautionnement en numéraire à raison du dixième de la contribution foncière de l'an VII pour chaque département et à créer une caisse d'amortissement et de garantie hors de la Trésorerie nationale, dans laquelle serait versé le montant de ces cautionnements, pour assurer dans tous les cas le payement des rescriptions fournies par les receveurs et améliorer à la fois la dette publique;

Rentiers et pensionnaires.

3° Sur la nécessité de venir au secours des rentiers et pensionnaires de l'État et à cet effet d'ouvrir le payement du deuxième semestre de l'an VII en bons au porteur applicables aux contributions de l'an VIII.

Le ministre invite les Consuls à faire aux Commissions législatives la proposition formelle et nécessaire, aux termes de la loi du 19 de ce mois, de statuer sur ces trois objets. Il présente en conséquence trois projets de message à la Commission législative du Conseil des Cinq-Cents, contenant chacun une de ces trois propositions. Les Consuls approuvent les vues du ministre des finances, adoptent la rédaction des projets de message et en arrêtent l'envoi en la forme ordinaire, ainsi que des rapports relatifs à chacun d'eux.

Après avoir entendu le même ministre, les consuls nomment le citoyen Laforest, actuellement chef du bureau des fonds au ministère des relations extérieures, leur commissaire central près l'administration des postes et messageries. Citoyen Laforest.

La séance est levée. Le citoyen Roger Ducos est désigné pour Consul de jour.

SIXIÈME SÉANCE

Du 25 brumaire.

LE CITOYEN ROGER DUCOS, CONSUL DE JOUR

Le ministre de la guerre demande et obtient une audience extraordinaire.

Il est introduit, et confère avec les Consuls de l'exécution de divers ordres.

Le même ministre rend ensuite aux Consuls le compte qui lui a été demandé de l'état dans lequel il a trouvé son département. Il en résulte que toutes les parties sont dans État du département de la guerre.

la plus grande désorganisation ; la seule armée française en Batavie est approvisionnée, sous tous les rapports, par le gouvernement batave ; à l'égard des autres, elles sont dans un dénuement absolu. La subsistance du soldat n'est assurée, ni dans l'intérieur ni aux armées ; le service des fourrages, celui des fournitures, ceux des étapes, des hôpitaux, des transports, des casernements et lits et de la poste des armées, tout est désorganisé ; le désordre règne dans toutes les parties, le système des réquisitions auquel on a été obligé de recourir, en procurant quelque adoucissement pour le moment, double les dépenses et dévore les ressources. Cet état de choses ne peut cesser qu'autant qu'on mettra à la disposition du ministre les fonds nécessaires pour assurer tous les services.

Lois. — Un messager d'État, envoyé par la Commission législative du Conseil des Anciens, est introduit et remet aux Consuls deux lois de ce jourd'hui.

La première autorise les tribunaux criminels à appeler des juges et des jurés adjoints dans les cas où cette précaution sera nécessaire.

La seconde détermine la formule du serment à prêter par tous les fonctionnaires publics, en ces termes : « Je jure d'être fidèle à la République une et indivisible, fondée sur la liberté, l'égalité et le système représentatif. »

Proclamation de ces lois. — Les Consuls ordonnent que les deux lois ci-dessus mentionnées seront publiées, exécutées et qu'elles seront munies du sceau de la République ; elles sont en conséquence adressées de suite à l'enregistrement, pour deux expéditions de chacune être envoyées sans délai au ministre de la justice avec l'arrêté portant ordre d'impression et de publication dans la forme prescrite par les lois.

On confère sur divers objets politiques.

La séance est levée. Le citoyen Siéyès est Consul de jour.

SEPTIÈME SÉANCE

Du 26 brumaire.

LE CITOYEN SIÉYÈS, CONSUL DE JOUR

Les Consuls se réunissent à midi pour la conférence réglementaire.

Le ministre de la justice demande et obtient une audience extraordinaire. Il dénonce aux Consuls le citoyen Barnabé, président du tribunal criminel du département de l'Yonne, comme s'étant opposé à l'enregistrement du n° 323 du Bulletin des lois de la République, contenant une loi et un arrêté des Consuls, des 19 et 20 de ce mois, et comme s'étant refusé de mettre aux voix et de prononcer la décision prise par les quatre autres juges du tribunal pour ordonner la publication et l'enregistrement du Bulletin, de manière que cette décision a été prononcée par l'un desdits juges. Le ministre propose aux Consuls d'arrêter, en suite des lois judiciaires et de l'article 3 de la loi du 19 de ce mois : {Citoyen Barnabé.}

1° Que ladite décision sera dénoncée au tribunal de cassation pour être annulée, comme n'ayant pas été prononcée par le président ;

2° Que le citoyen Barnabé sera tenu de se rendre à Orléans pour y rester sous la surveillance de l'administration municipale, jusqu'à ce qu'il en ait été autrement ordonné, et qu'il sera procédé à son remplacement. Cette double proposition est adoptée.

Sur la présentation du même ministre, le citoyen Seignette, ancien juge au tribunal de cassation, est nommé juge du tribunal de revision établi pour les quatre nouveaux départements de la rive gauche du Rhin. {Citoyen Seignette.}

Acte du Conseil des Cinq-Cents.

Un messager d'État, envoyé par la Commission législative du Conseil des Cinq-Cents, est introduit et remet aux Consuls une expédition de l'acte de ce Conseil, du 19 de ce mois, portant nomination des membres composant ladite Commission.

Proclamation de cet acte.

Les Consuls ordonnent que cet acte sera publié, exécuté et qu'il sera muni du sceau de la République; il est, en conséquence, envoyé de suite à l'enregistrement, pour deux expéditions en être adressées sans délai au ministre de la justice, avec l'arrêté portant ordre d'impression et de publication dans les formes prescrites par les lois.

La séance est levée. Le citoyen Bonaparte est désigné Consul de jour.

HUITIÈME SÉANCE

Du 27 brumaire.

LE CITOYEN BONAPARTE, CONSUL DE JOUR

La séance est ouverte par la lecture de la correspondance.

Citoyen Descorches.

Les Consuls confèrent sur divers objets politiques.

Le ministre des relations extérieures soumet aux Consuls diverses questions pour servir de base aux instructions à remettre au citoyen Descorches. Les Consuls ajournent l'examen de ces questions à une prochaine séance.

Ambassade de Madrid. Consulat général de Cadix.

Le même ministre invite les Consuls à nommer à l'ambassade de Madrid et au consulat général de Cadix. Les Consuls, avant de nommer à ces emplois, arrêtent qu'il leur sera fait un rapport général sur les mutations à faire dans les agents diplomatiques.

Neutres.

Le ministre des relations extérieures fait ensuite un

rapport sur les mesures à prendre pour garantir les neutres contre la cupidité des corsaires français ; il pose en principe que toutes les contestations en matière de prises doivent être décidées administrativement.

Les Consuls chargent ce ministre d'inviter celui de la justice à faire un rapport sur cet objet.

Un messager d'Etat, envoyé par la Commission législative du Conseil des Anciens, est introduit et remet aux Consuls une loi du jour d'hier, qui suspend jusqu'au 1er ventôse l'exécution de la loi du 23 fructidor an VII relative au personnel de la guerre et met en masse à la disposition du ministre de la guerre la somme de cent trente millions huit cent trente-six mille huit cent vingt-neuf francs, accordée à ce ministre par la même loi. {Loi.}

Les Consuls ordonnent que cette loi sera publiée, exécutée et qu'elle sera munie du sceau de la République ; elle est, en conséquence, adressée de suite à l'enregistrement, pour deux expéditions en être envoyées, sans délai, au ministre de la justice, avec l'arrêté portant ordre d'impression et de publication dans les formes prescrites par la loi.

Sur la proposition du ministre de la marine, le citoyen Gastaud, enseigne de vaisseau, est nommé lieutenant. {Citoyen Gastaud.}

Le citoyen Vicard, enseigne non entretenu, est promu au grade d'enseigne de vaisseau. {Citoyen Vicard.}

Le même ministre communique aux Consuls une lettre de l'ordonnateur Ménard, du 14 vendémiaire an VIII, contenant l'assurance formelle que Malte a des vivres pour un an. {Malte.}

Le ministre de l'intérieur met sous les yeux des Consuls une lettre du citoyen Robert Crachet, commissaire près l'administration centrale du Pas-de-Calais, par laquelle il déclare s'être formellement opposé à la publication, dans ce département, de la loi du 19 de ce mois, portant création d'une Commission consulaire. {Citoyen Robert Crachet.}

Les Consuls révoquent la nomination du citoyen Robert {Citoyen Poldevin.}

Crachet et nomment aux mêmes fonctions le citoyen Poidevin.

Les Consuls continuent à s'occuper de l'examen préparatoire de différentes affaires.

La séance est levée. Le citoyen Roger Ducos est désigné Consul du jour.

NEUVIÈME SÉANCE

Du 28 brumaire.

LE CITOYEN ROGER DUCOS, CONSUL DU JOUR

La séance est ouverte par la lecture de la correspondance.

Destitutions et remplacements. — Le ministre de l'intérieur est introduit ; il met sous les yeux des Consuls les plaintes qui lui ont été adressées et les renseignements défavorables qu'il s'est procurés contre plusieurs administrateurs et commissaires, dont il demande la destitution.

Sur ses propositions, les Consuls destituent et remplacent les citoyens Léniard, Gindre et Marguerou, membres de l'administration centrale du département du Jura, comme mal famés et ennemis de tout ordre social ;

Et les administrateurs municipaux du canton de Villedieu, département de Loir-et-Cher, comme ennemis de la République et complices des Chouans.

Destitutions et traductions devant les tribunaux. — Sont aussi destitués et traduits devant les tribunaux :

1° Le président de l'administration municipale de Moisdon, et les agents des communes de Saffré et Dissé, comme partisans de l'anarchie ;

2° Les citoyens Heylaerts, Proost, Borghs, Van-Janssen et Hermanhermans, membres de l'administration municipale de Turnhout, et le citoyen Perrin, commissaire près de cette administration, comme prévenus de concussion et d'exaction;

3° Le citoyen Gail, adjoint municipal de la commune de la Wantzenau, département du Bas-Rhin, comme protecteur d'émigrés.

Après avoir entendu le même ministre, les Consuls ordonnent aussi la mise en jugement des citoyens Maclet, Marvillet et Perron, ex-administrateurs municipaux du canton de Scey-sur-Saône, département de la Haute-Saône, comme prévenus de faux;

Et le citoyen Guillemin, ex-agent municipal de la commune de Pervenchères, département de l'Orne, comme s'étant porté à des excès graves envers un citoyen de cette commune.

<small>Mises en jugement.</small>

Sur les propositions du même ministre, les Consuls arrêtent plusieurs révocations et nominations de commissaires, ainsi qu'il suit :

<small>Révocations et nominations de commissaires.</small>

La nomination du citoyen Thirion, commissaire près l'administration centrale du département de la Moselle, est révoquée; il est remplacé par le représentant du peuple Barthélemy.

La nomination du citoyen Rouillon a une semblable place près de l'administration centrale du département du Puy-de-Dôme est aussi révoquée; il sera remplacé par le citoyen Desribes;

Le citoyen Champion est nommé commissaire des Consuls près l'administration centrale du département du Jura, en remplacement du citoyen Levasseur, démissionnaire;

Les citoyens Defresnes, Pollard, Armez, Lenormand et Marie-Joseph Lacretelle, sont pareillement nommés commissaires des Consuls, les deux premiers près les administrations municipales des Ier et X^e arrondissements de Paris; le troisième près celle du canton d'Yvias, département des Côtes-du-Nord; le quatrième près celle du canton de Civry, département d'Eure-et-Loir; et le cinquième près celle du canton d'Allain, département de la Meurthe.

Matières civiles et criminelles.
Le ministre de la justice soumet aux Consuls le tableau des décisions par lui rendues en matière civile et criminelle depuis le 18 de ce mois jusqu'à ce jour-d'hui.

Départements de la rive gauche du Rhin.
Il rend ensuite compte aux Consuls de la situation de l'administration des quatre nouveaux départements de la rive gauche du Rhin.

Général de division Leval.
Il propose aux Consuls d'attendre que le ministre de la guerre ait recueilli des informations sur la conduite du général de division Leval, pour prendre une décision sur les difficultés survenues entre ce général et les autorités administratives de la commune de Coblentz et de laisser subsister jusqu'à cette époque l'administration municipale nommée provisoirement par le général Leval; cette proposition est adoptée.

Navire le Saint-Antoine de Pappenbourg.
Le même ministre fait un rapport sur un référé à lui adressé par le commissaire près le tribunal civil du département des Côtes-du-Nord, sur l'appel porté à ce tribunal d'un jugement du tribunal du commerce de Port-Brieuc (1), qui ordonne la restitution du navire le *Saint-Antoine*, de Pappenbourg, capturé par le corsaire français la *Vigilante*, laquelle contestation présente la question de savoir si la ville de Pappenbourg, dépendant de l'évêché de Munster et étant placée derrière la ligne de démarcation, doit jouir des bénéfices de la neutralité. Le ministre établit l'affirmative sur cette question; les Consuls approuvent cette opinion.

Citoyen Varsal.
Sur les rapports du même ministre, les Consuls prononcent la destitution et ordonnent la traduction devant les tribunaux du citoyen Varsal, agent de la commune de Brimeux, département du Pas-de-Calais, prévenu

---

(1) C'était le nom révolutionnaire de Saint-Brieuc.

d'avoir transigé à prix d'argent sur des délits champêtres.

Ils nomment aux places près les tribunaux civil et criminel du département de l'Allier le citoyen Gauthier, et près le tribunal correctionnel de Reims le citoyen Gondelin.

Le ministre de la justice termine par un mode qui lui paraît le plus convenable de suivre pour l'organisation du notariat; les Consuls approuvent ses vœux et arrêtent l'envoi d'un message à la Commission législative du Conseil des Cinq-Cents, pour lui proposer, aux termes de la loi du 19 de ce mois, de statuer sur cet objet.

Matériel.

Un messager d'État, envoyé par la Commission législative du Conseil des Anciens, est introduit; il remet aux Consuls deux lois :

Lois.

La première rapporte les articles 6, 7, 8 et 9 de la loi du 10 messidor an VII (1), portant établissement d'un emprunt progressif de cent millions, et substitue à cet emprunt une subvention de guerre de vingt-cinq centimes par franc des contributions foncière, personnelle, mobilière et somptuaire de l'an VII.

La seconde ouvre à la Trésorerie nationale un crédit de trente-neuf millions cinq cent mille francs pour subvenir au payement des rentes et pensions du second semestre de l'an VII, autres que pensions militaires et des invalides dues par la République.

Les Consuls ordonnent que les deux lois ci-dessus mentionnées seront publiées, exécutées et qu'elles seront munies du sceau de la République; elles sont, en conséquence, adressées de suite à l'enregistrement, pour deux expéditions de chacune être envoyées au ministre de la justice, avec l'arrêté portant avis d'impression et de publication dans les formes prescrites par les lois.

Proclamation de ces lois.

---

(1) Voir plus haut page 14. Dans l'original, cette loi est datée par erreur du 11 messidor.

Rapport d'arrêtés de déportation.

Sur les rapports du ministre de la police générale, les Conseils rapportent les précédents arrêtés du Directoire exécutif qui prononcent la déportation des ministres du culte catholique dont les noms suivent : François-Marie Buhot, Jean Morand, Victor-Dominique Fleury, Félix Desarme, Eustache Sonnet, Montastruc, Michel Justaffré, Louis Walwin, Pierre-François-Adam-Jacques Wuilfaert, Laurent Millé, Louis-Joseph Lucas, François-Henry Kint, Bernard Ravielle et Louis-Joseph Cousin.

Délivrance de passeports.

Après avoir entendu le même ministre, les Consuls arrêtent qu'il sera délivré des passeports, pour retourner en Angleterre, à vingt-six religieuses des communautés dites anglaises, ci-devant établies en France, ainsi qu'à Thomas Shelley, ci-devant aumônier d'un desdits couvents.

Citoyen Rollier.

Ils ordonnent le renvoi par-devant le directeur du jury de l'arrondissement de Malines du citoyen Rollier, compris dans le mandat d'amener lancé par le Directoire exécutif, le 2 frimaire an VII, contre les individus prévenus d'avoir excité les troubles qui ont éclaté dans les départements réunis.

Distribution de fonds disponibles.

Le ministre des finances met sous les yeux des Consuls l'état des fonds disponibles à la Trésorerie nationale, pendant la présente décade, ainsi que les demandes des divers ordonnateurs ; il soumet en même temps quatre projets de décisions pour la distribution desdits fonds, pour les dépenses des années V, VI, VII et VIII. Les Consuls approuvent la distribution décadaire proposée par le ministre des finances et adoptent les projets de décisions qui la contiennent.

La séance est levée ; le citoyen Sieyès est désigné Consul de jour.

DIXIÈME SÉANCE

Du 29 brumaire.

LE CITOYEN SIÉYÈS, CONSUL DE JOUR

La séance est ouverte par la lecture de la correspondance.

Le ministre des relations extérieures communique aux Consuls des lettres des citoyens Grouvelle et Pichon, agents diplomatiques.

Le même ministre rend compte aux Consuls que, dans le mois de floréal dernier, l'ex-Directoire exécutif a accordé, sur la demande de l'ambassadeur d'Espagne, la permission d'extraire des départements méridionaux la quantité de cinq cent mille myriagrammes de grains pour les escadres espagnoles ; que l'extraction ayant été faite en partie, la permission a été provisoirement suspendue dans le courant de vendémiaire dernier, que l'ambassadeur d'Espagne a réclamé contre cette suspension, et demande une nouvelle autorisation pour extraire cent mille quintaux, qu'il prétend indispensables pour l'approvisionnement de la Catalogne, dont la subsistance pourrait être compromise par suite de la mésintelligence qui paraît s'établir entre la cour d'Espagne et les régences d'Afrique. Le ministre invite les Consuls à faire droit à cette demande, à raison de nos liaisons avec l'Espagne et du bas prix des blés dans nos départements méridionaux. *Ambassadeur d'Espagne. Permission d'extraire des grains.*

Les Consuls arrêtent que le ministre de l'intérieur sera consulté sur cette demande, préalablement à toute décision.

Sur les propositions du même ministre, les Consuls ordonnent qu'il sera provisoirement sursis à la vente du *Navire danois Coningholm.*

navire danois le *Coningholm*, de la prise duquel le ministre a rendu compte dans une des précédentes séances.

Le consul à Barcelone.

Ils arrêtent le rappel du citoyen Vincent Cellier, consul de la République à Barcelone, comme peu attaché à la République et à ses devoirs.

Hospices civils.

Le ministre de la guerre expose dans un rapport que toutes les administrations des hospices civils réclament avec l'urgence du besoin les sommes que leur doit le département de la guerre pour le prix des journées des militaires qui y ont été reçus et traités pendant les années V, VI et les neuf premiers mois de l'an VII; il demande que l'on s'occupe des moyens de rembourser à ces établissements les sommes qui leur sont dues pour cet objet et que, dès aujourd'hui, il soit mis à sa disposition les sommes nécessaires pour couvrir leurs dépenses pendant les deux mois de l'an VIII déjà écoulés.

Les Consuls arrêtent que la Trésorerie nationale paiera sur le champ au ministre de la guerre une somme de trois cent mille francs pour acquitter lesdites dépenses, et renvoient son rapport au ministre des finances à l'effet de présenter un projet de décision pour régulariser ledit payement.

Lettre au général en chef de l'armée d'Angleterre.

Le même ministre présente et fait adopter un projet de lettre au général en chef de l'armée d'Angleterre.

Après avoir entendu le même ministre, les Consuls arrêtent, concernant le personnel de la guerre, les dispositions suivantes:

Promotions militaires.

1° Le citoyen François-Dominique-Barle Barthélemy, chef d'escadron à la suite du 19° régiment de dragons, est nommé à l'emploi titulaire de ce grade, vacant audit régiment;

2° Le citoyen Fouler, capitaine à la suite du 19° régiment de cavalerie, est nommé chef d'escadron au 21° régiment de chasseurs à cheval;

3° Le citoyen Jean-Baptiste-Gabriel Merlin, chef d'escadron à la garde des consuls, est nommé chef de brigade au 14ᵉ régiment de cavalerie;

4° Les citoyens Caron et Meunerr, sous-lieutenants au 21ᵉ régiment de chasseurs à cheval, sont réformés et toucheront le traitement de réforme de leur grade.

Réformes.

Le ministre de l'intérieur expose que l'administration des grandes routes se trouve entièrement paralysée par le refus que font les commissions de la Trésorerie de viser ses ordonnances délivrées sur le produit de la taxe d'entretien en l'an VIII, et qu'il est urgent de faire cesser cette entrave qui porte un préjudice notable à l'intérêt public ; il présente un projet de message à la Commission législative des Cinq-Cents ayant pour objet de l'inviter à statuer sur cet objet ; ce projet de message est adopté ; il sera envoyé dans la forme ordinaire.

Administration des grandes routes

Les Consuls délibèrent ensuite sur les mesures à prendre pour éclairer les citoyens de toutes les parties de la République sur les causes et le véritable objet des journées du 18 et 19 de ce mois; ils arrêtent, en vertu des articles 4 et 7 de la loi du 19, qu'il sera envoyé un délégué des Consuls dans chaque arrondissement formant une division militaire (1).

Envoi des délégués dans les arrondissements formant une division militaire.

(1) Voici la liste de ces délégués dans les diverses divisions militaires : 1ʳᵉ division (Lille), Barret (de la Lys); 2ᵉ division (Sedan), Grenot; 3ᵉ division (Metz), Delpierre jeune; 4ᵉ division (Nancy), Vallée (de la Meuse); 5ᵉ division (Strasbourg), Mallarmé; 6ᵉ division (Besançon), Labrouste, remplacé par Lahary, puis par Chaillot; 7ᵉ division (Grenoble), Méric; 8ᵉ division (Marseille), Fabre (de l'Aude); 9ᵉ division (Montpellier), Jard-Panvillier; 10ᵉ division (Perpignan), Pénières, remplacé par Rabaut-Pomier; 11ᵉ division (Bayonne), Febvre (du Jura); 12ᵉ division (La Rochelle), Célestin Poulain, remplacé par Picault (de Seine-et-Marne); 13ᵉ division (Rennes), Challan, qui ne semble pas s'y être rendu; 14ᵉ division (Caen), Guérin (du Loiret); 15ᵉ division (Amiens), Desprès (de l'Orne); 16ᵉ division (Arras), Bosc; 17ᵉ division (Paris), Mouricault, remplacé par Vacher; 18ᵉ division (Dijon), Simon (de Seine-et-Marne); 19ᵉ division (Clermont), Vezin; 20ᵉ division (Périgueux), Carret (du Rhône); 21ᵉ division (Poitiers), Chasset; 22ᵉ division (Tours), Lecointe-Puyraveau; 23ᵉ division (Corse), personne n'y fut envoyé d'abord; plus tard on y envoya Saliceti; 24ᵉ division (Bruxelles), Crochon; 25ᵉ division (Liège), Chenard. — On peut dire que ces 24 députés sont les derniers représentants en mission. On trouvera leurs instructions confidentielles et les analyses de leurs rapports aux Archives nationales, F 1ᵉ, 552.

Ces délégués seront chargés d'instruire le peuple sur les causes et les résultats desdites journées, de prendre des renseignements sur les principes et la moralité des fonctionnaires publics; ils pourront suspendre et remplacer provisoirement ceux qui ne jouiront pas de la confiance publique, et feront fermer toute réunion contraire à l'ordre public et à la tranquillité publique; ils correspondront avec le ministre de l'Intérieur sur l'importante mission qui leur est confiée.

On procède à la nomination desdits délégués; ce choix est fixé dans un arrêté qui sera inséré au Bulletin des lois.

La séance est levée. Le citoyen Roger Ducos est désigné Consul de jour.

ONZIÈME SÉANCE

Du 1ᵉʳ frimaire (1).

LE CITOYEN SIÉYÈS, CONSUL DE JOUR

Les Consuls se réunissent à midi pour la conférence réglementaire.

Chevaliers français de l'ordre de Saint-Jean de Jérusalem.

Le ministre de la police générale sollicite et obtient une audience extraordinaire. Il appelle l'attention des Consuls sur le sort de plusieurs Français, ci-devant chevaliers de l'ordre de Saint-Jean de Jérusalem, qui réclament l'exécution de l'article 3 de la capitulation conclue entre le général Bonaparte et le grand-maître de Malte, lors de la conquête de cette île, portant : « Les chevaliers de l'ordre de Saint-Jean de Jérusalem qui sont français, actuellement à Malte, et dont l'état sera arrêté par le général en chef, pourront rentrer dans leur patrie, et leur

(1) Il n'y eut pas de séance le 30 brumaire an VIII.

résidence à Malte leur sera comptée comme une résidence en France. » Le ministre établit que cet article a changé, à l'égard des chevaliers nés français qui se trouvaient à Malte au moment de la conquête, la législation française qui les assimilait aux émigrés, et il invite les Consuls à signaler leur respect pour la foi publique, en faisant aux Commissions législatives la proposition formelle de donner la force législative à l'article précité de la capitulation de Malte, qui assure le fruit de la victoire en épargnant le sang des braves de l'armée d'Orient. Le ministre présente un projet de message rédigé dans ce sens, pour la Commission législative du Conseil des Cinq-Cents.

Les Consuls adoptent la proposition du ministre et le projet de message par lui présenté.

On adresse à la même Commission deux messages arrêtés dans les séances des 28 et 29 du mois dernier, le premier sur l'organisation du notariat, le second sur l'emploi du produit de la taxe d'entretien des routes. *Messages à la Commission des Cinq-Cents.*

Les Consuls délibèrent sur la démission offerte par le citoyen Reinhard, ministre des relations extérieures. *Citoyen Reinhard.*

Ladite démission est acceptée.

Le citoyen Talleyrand-Périgord est nommé ministre des relations extérieures, en remplacement du citoyen Reinhard.

Le citoyen Reinhard est nommé ministre plénipotentiaire de la République française près le gouvernement helvétique.

Les Consuls rapportent l'arrêté de nomination du citoyen Bourdon au ministère de la marine et des colonies. *Citoyen Bourdon.*

Ils nomment à ce ministère le citoyen Forfait, ingénieur constructeur de la marine. *Citoyen Forfait.*

On adresse aux citoyens Talleyrand-Périgord et Forfait expédition de leur nomination.

On informe, par une lettre, les citoyens Reinhard et Bourdon de la nomination de leurs successeurs, et on mande à l'un et à l'autre de leur faire remise du portefeuille.

<small>Prisonniers de guerre français et anglais.</small>

On discute la question de savoir, si l'on doit laisser plus longtemps subsister le mode insolite. introduit par le gouvernement anglais, relativement à l'entretien et à la nourriture des prisonniers de guerre français et anglais, suivant lequel chacune des deux nations resterait chargée de l'entretien et de la nourriture de ses marins et militaires, prisonniers sur le territoire de l'autre.

Les Consuls décident que ce mode contraire aux lois de la guerre ne doit plus subsister, et que le cartel signé le 13 septembre 1798 sera ponctuellement exécuté, sauf à statuer à la paix générale sur les compensations qui seront jugées raisonnables.

<small>Citoyen Otto.</small>

Les Consuls nomment le citoyen Otto, actuellement chargé d'affaires à Berlin, leur commissaire pour l'échange des prisonniers français en Angleterre.

Ils arrêtent des instructions pour ce commissaire, conformément à la décision ci-dessus, et un projet de lettre à écrire en conséquence par ledit commissaire à M. Dundas.

La séance est levée. Le citoyen Bonaparte est désigné Consul de jour.

DOUZIÈME SÉANCE

Du 2 frimaire.

LE CITOYEN BONAPARTE, CONSUL DE JOUR

La séance est ouverte par la lecture de la correspondance.

<small>Publication des lois des 18 et 19 brumaire (1).</small>

Le ministre de la justice fait un troisième rapport sur

---

(1) C'est à partir d'ici que nous avons cru devoir rédiger nous-même les indications marginales. (Voir plus haut la note à la page 1.)

la publication, dans les divers départements de la République, des lois des 18 et 19 brumaire dernier, sur la translation du Corps législatif à Saint-Cloud et sur l'établissement de la Commission consulaire exécutive ; il annonce que ces lois continuent à être publiées avec les solennités requises et que presque partout les autorités constituées ont donné des preuves de zèle dans ces derniers événements qui ont retrempé l'esprit public.

Le même ministre rend compte d'un référé à lui adressé par le commissaire du gouvernement près le tribunal civil du département d'Ille-et-Vilaine, sur une contestation portée à ce tribunal, relativement à la prise du navire *Lemartinur*, de Brême, capturé par le corsaire français *la Minerve*. Cette contestation n'exigeant la solution d'aucune question diplomatique, le ministre estime que le jugement en doit être laissé tout entier à la conscience des juges. Les Consuls approuvent cette opinion. *Prise d'un navire de Brême.*

Le ministre de la justice appelle ensuite l'attention des Consuls : *Demandes du ministre de la justice.*

1° Sur les modifications dont est susceptible la loi du 10 vendémiaire an IV concernant la police des communes ;

2° Sur la nécessité de rétablir pour son département le fonds de vingt mille francs, à titre de dépenses imprévues, dans le crédit qui lui a été ouvert pour l'an VIII, et de lui accorder un supplément pour une pareille somme pour le traitement des employés dans ses bureaux.

Il propose aux Consuls d'inviter les Commissions législatives à statuer sur ces deux objets, et présente deux projets de messages à la Commission législative du Conseil des Cinq-Cents, contenant l'une et l'autre proposition.

Les Consuls approuvent les vues du ministre et adoptent les projets de messages par lui présentés. L'envoi de celui relatif aux dépenses du ministre de la justice est suspendu.

Après avoir entendu le même ministre, les Consuls

Administration centrale de la Loire.	annulent un arrêté de l'administration centrale du département de la Loire, portant traduction devant une commission militaire du nommé Condamin, arrêté comme complice d'émigré, et qui, à raison de cette prévention, devait, aux termes des lois criminelles, être traduit devant le directeur du jury d'accusation.
Citoyen Gaillart-Lecart.	Sur la présentation du même ministre, le citoyen Gaillart-Lecart est nommé commissaire du gouvernement près le tribunal correctionnel de Reims.
Citoyen Lesseègnes.	Sur celle du ministre de l'Intérieur, le citoyen Lesseègnes, est nommé aux mêmes fonctions près l'administration municipale du canton d'Irvillac, département du Finistère.
Délégués des Consuls.	Le ministre de l'intérieur expose aux Consuls que les citoyens Labrouste, Poulain (Célestin) et Mouricault, nommés par arrêté du 29 brumaire dernier, délégués des Consuls dans les 6ᵉ, 12ᵉ et 17ᵉ divisions militaires, n'ont pas accepté, et que le citoyen Pénières, nommé aux mêmes fonctions dans la 10ᵉ division militaire, est absent par congé. Il invite les Consuls à les remplacer. Les Consuls arrêtent que les citoyens Lahary, Picault et Vacher, membres du Conseil des Anciens, remplaceront comme délégués des consuls les citoyens Labrouste, Poulain (Célestin) et Mouricault; ils rapportent la nomination du citoyen Penières et lui substituent le citoyen Rabaut (1).
Prytanée français.	Sur les rapports du même ministre, les consuls arrêtent que le jeune Hennequin, fils d'un militaire sans fortune, sera reçu au Prytanée français comme élève interne.
Veuve de Sylvain Bailly.	Ils accordent à la citoyenne Leseigneur, veuve du célèbre et infortuné Bailly, un secours extraordinaire de 100 francs par mois, jusqu'à ce qu'elle touche la pension qui lui a été accordée par la loi du 20 frimaire an V.
École polytechnique.	Le même ministre fait un rapport sur un mode d'orga-

(1) Voir plus haut, page 29.

nisation plus fixe et plus régulier à donner à l'École polytechnique.

Dans un autre rapport, il rend compte des autres dépenses urgentes de son département et prouve la nécessité d'un fonds provisoire pour y faire face. *Dépenses du département de la justice.*

Il présente deux projets de messages à la Commission législative du Conseil des Cinq-Cents, contenant la double proposition de statuer sur ces deux objets ; ces deux projets de messages sont adoptés.

L'envoi de celui relatif à une demande de fonds est ajourné.

Le ministre des relations extérieures fait aussi un rapport sur les dépenses de son département pour l'an VIII et présente un projet de message à la Commission législative du Conseil des Cinq-Cents, ayant pour objet de lui proposer de statuer sur la demande d'un crédit de quatre millions cent trente-trois mille trois cent soixante-quinze francs que fait ce ministre pour subvenir aux dites dépenses. Ce projet est pareillement adopté ; il est néanmoins sursis à son envoi. *Ministère des relations extérieures.*

Le ministre des finances est ensuite entendu sur plusieurs objets relatifs à son département.

Dans un premier rapport sur la nécessité de mettre en ordre la comptabilité relative aux ventes de domaines nationaux et de procurer au Trésor public, en facilitant la libération des acquéreurs, des rentrées importantes qui lui seront du plus grand secours (1). *Domaines nationaux.*

Dans un second rapport, le ministre des finances indique les développements qui paraissent indispensables pour assurer à la loi du 12 vendémiaire dernier son entière exécution contre les entrepreneurs et autres comptables en retard de s'acquitter envers le Trésor public. *Entrepreneurs.*

Dans un troisième rapport, le même ministre examine les dépenses de la Trésorerie nationale pendant l'an VIII *Trésorerie nationale.*

---

(1) Cette phrase inachevée est textuelle.

et en indique la fixation à quinze cent mille francs.

Il invite les Consuls à faire à la Commission législative du Conseil des Cinq-Cents la proposition de statuer sur ces trois objets, et présente trois projets de messages, rédigés dans ce sens.

Les Consuls approuvent ces trois rapports et en arrêtent l'envoi à ladite Commission avec les messages y joints.

L'envoi de celui relatif aux dépenses de la Trésorerie est suspendu.

Les Consuls adoptent deux projets d'arrêtés présentés par le même ministre :

Délégués des Consuls. — Le premier, portant autorisation au ministre de l'intérieur de disposer, pour les frais de voyage des délégués des Consuls, d'une somme de cent mille francs, imputable sur celle de cent cinquante mille francs, mise à sa disposition, par la loi du 11 brumaire an VII, pour les dépenses secrètes du pouvoir exécutif.

Banquiers. — Par le second, les commissaires de la Trésorerie nationale sont aussi autorisés à donner, en paiement aux huit banquiers réunis, pour solde de leurs opérations du 27 germinal dernier, la somme de quatre millions huit cent soixante-deux mille trois cent quatre-vingt-neuf florins, rescriptions bataves qui leur avaient été précédemment déposées en mentionnant, le tout jusqu'à due concurrence, desquelles rescriptions il sera fait compte, ainsi que du restant à recouvrer par les huit banquiers sur leurs délégations, pour l'excédent être versé à la Trésorerie nationale avec les lettres de crédit sur lesdites délégations, qui seront annulées.

Citoyen Bourdon. — Les Consuls nomment l'ex-ministre de la marine, le citoyen Bourdon, commissaire ordonnateur de la marine pour les mers du Nord : son arrondissement comprendra tous les ports des neufs départements réunis.

Les Consuls ordonnent que ceux des messages ci-dessus qui sont relatifs à des demandes de fonds pour la

Trésorerie nationale, pour le ministre de la justice, pour celui de l'intérieur et pour le ministre des relations extérieures, dont l'envoi a été ajourné, seront réunis pour faire l'objet d'un travail particulier.

Le ministre de la marine présente un autre projet de message relatif à la convocation, à Paris, d'un jury pour juger le contre-amiral Perrée : ce message n'est pas adopté, comme étant inutile. *Contre-amiral Perrée.*

Le général Moreau est nommé général en chef des armées d'Helvétie et du Rhin réunies. *Général Moreau.*

Le général Masséna est nommé général en chef de l'armée d'Italie. *Général Masséna.*

Les Consuls arrêtent qu'il sera donné une armure de la manufacture de Versailles au citoyen Bourdon, ex-ministre de la marine. *Citoyen Bourdon.*

La séance est levée. Le citoyen Roger Ducos est désigné Consul de jour.

TREIZIÈME SÉANCE

Du 3 frimaire.

LE CITOYEN ROGER DUCOS, CONSUL DE JOUR

La séance est ouverte par la lecture de la correspondance.

Le ministre de la guerre est entendu sur divers objets militaires. Sur son rapport les Consuls arrêtent que les armées du Rhin et du Danube seront réunies sous le nom de l'armée du Rhin, et que la ligne de cette armée s'étendra depuis Genève jusqu'à Oppenheim. *Armée du Rhin.*

Ils arrêtent en même temps que les quatre départements de la rive gauche du Rhin formeront la 26ᵉ division militaire sous les ordres du général de divison ; que *Rive gauche du Rhin.*

les 3ᵉ, 4ᵉ, 5ᵉ, 6ᵉ, et 26ᵉ divisions militaires formeront l'arrondissement de l'armée du Rhin; qu'il y aura dans chaque grande armée trois ou quatre généraux de division, qui seront temporairement employés comme lieutenants du général en chef, qu'ils seront pris sur la désignation du ministre de la guerre et sur la présentation du général en chef parmi les généraux de division, quelle que soit la date de leur brevet, et qu'ils auront le commandement partout où ils se trouveront.

Armée d'Italie. — Sur la proposition du même ministre, les Consuls prennent un autre arrêté, pour faire transporter sur-le-champ à Vado, et mettre à la disposition du général en chef de l'armée d'Italie, la quantité de 978,000 hectogrammes de plomb et 2 millions de cartouches à fusil, le tout tiré des magasins de la marine à Toulon.

Général anglais Don. — Le ministre de la guerre examine ensuite, dans un rapport, le parti qu'il convient de prendre à l'égard du général anglais Don, arrêté comme espion par les ordres du général Brune, le jour de la bataille de Castricum, au moment où s'étant présenté comme parlementaire au général Daendels, il fut trouvé porteur de proclamation de l'ancien Stathouder, et d'autres pièces tendant à inviter le gouvernement batave à trahir la cause de la liberté. Le ministre propose d'échanger ce prisonnier contre Napper-Tandy et ses compagnons, livrés au gouvernement anglais par le Sénat de Hambourg. Il demande à être autorisé à faire cet échange; les Consuls approuvent la proposition du ministre de la guerre et lui accordent l'autorisation dont il s'agit.

Citoyen Saint-Cricq. — Après avoir entendu le même ministre, les Consuls arrêtent la mise en activité du citoyen Saint-Cricq dans ses précédentes fonctions de commissaire des guerres.

Direction des impositions directes. — Un messager d'État, envoyé par la Commission législative du Conseil des Anciens est introduit et remet aux Consuls une loi de ce jourd'hui, qui supprime l'agence des contributions directes, établie par la loi du 18 brumaire an VI, et lui substitue une direction des recouvrements des impositions directes, composée dans chaque département d'un directeur, d'un inspecteur et de plusieurs contrôleurs.

Les Consuls ordonnent que cette loi sera publiée, exécutée et qu'elle sera munie du sceau de la République. Elle est en conséquence adressée de suite à l'enregistrement, pour deux expéditions en être envoyées sans délai au ministre de la justice, avec l'arrêté portant ordre d'impression et de publication dans les formes prescrites par les lois.

Le ministre de la guerre, reprenant la suite de son travail, rend compte des circonstances qui ont accompagné la reddition des places de Peschiera, du château de Brescia, Pizzighitone, du château de Milan et de la citadelle de Turin. Il dit que les commandants desdites places et châteaux se sont rendus avant que l'ennemi ait fait sauter la contrescarpe pour le passage du fossé et sans attendre qu'il y eût de brèche, ou du moins qu'elle fût praticable. Leur conduite doit être examinée ; en conséquence, il propose et les consuls arrêtent la formation d'une commission militaire extraordinaire composée de cinq membres, qui sera chargée de faire un rapport circonstancié et motivé sur chacune de ces places, lequel servira d'acte d'accusation, s'il y a lieu, pour ceux que ladite commission désignera comme devant être traduits devant un conseil de guerre.

Armée d'Italie.

La séance est levée. Le citoyen Siéyès est désigné Consul de jour.

QUATORZIÈME SÉANCE

Du 4 frimaire.

LE CITOYEN SIÉYÈS, CONSUL DE JOUR

La séance est ouverte par la lecture de la correspondance.

Subsistances de Paris. — Le ministre de l'intérieur est entendu sur divers objets dépendant de ses attributions. Dans un premier rapport, il rend compte de la situation des subsistances et approvisionnements de la commune de Paris, et annonce qu'il n'y a aucune inquiétude à avoir à cet égard, la majeure partie des boulangers étant approvisionnés, et les autres ayant la faculté d'acheter à la Halle, qui, par l'effet des mesures prises par le ministre, sera toujours abondamment pourvue.

Départements méridionaux. — Dans un second rapport, le ministre de l'intérieur rend aussi un compte satisfaisant de la situation des approvisionnements des départements méridionaux; indépendamment de ce que les récoltes y ont été en l'an VII plus avantageuses que dans les années précédentes, le commerce de l'intérieur y introduit encore un supplément considérable de grains, capable d'y entretenir l'abondance.

Place des Victoires. — Le même ministre met ensuite sous les yeux des Consuls le dessin du monument qui doit être érigé sur la place des Victoires à Paris, dans lequel les chevaux antiques de bronze, transportés de Venise à Paris, seront attelés à un char triomphal.

Les Consuls approuvent le plan de ce monument.

Statue de la Liberté. — Après avoir entendu le même ministre, ils arrêtent qu'une statue de la Liberté sera élevée en marbre blanc dans le palais où ils résident. Le citoyen Moitte, sculpteur, est choisi pour l'exécution de ce monument.

Sur les propositions du même ministre, les Consuls nomment les citoyens Parst et Favar commissaires du gouvernement ; le premier près l'administration municipale de Melun, le second près celle du canton de Puylaurens.

Commissaires du Gouvernement.

Ils réintègrent le citoyen Pilastre dans les fonctions de régisseur de l'octroi municipal, dans la commune de Paris, et nomment le citoyen Brougnard à la place de celui de Morlaix.

Octrois municipaux.

Le même ministre dénonce aux Consuls plusieurs administrateurs municipaux, sur la conduite desquels il a reçu des plaintes graves et fondées. Sur ses propositions, les Consuls arrêtent :

Destitutions d'officiers municipaux.

1° La destitution et la traduction devant les tribunaux de l'adjoint de Baudour, canton de Lens, prévenu d'avoir détourné à son profit des foins requis pour la République ;

2° La destitution et la traduction devant les tribunaux de l'agent de Genlis (?), canton de Belleghem, prévenu d'avoir antidaté un acte de mariage ;

3° La destitution du citoyen Loucke, agent municipal de Leirdelede (?), département de la Lys, comme ayant entravé l'exécution des lois sur la conscription ;

4° La destitution du citoyen Anvers, membre de l'administration municipale de Rouen, comme ayant refusé de concourir à la publication de la loi du 19 brumaire ;

5° La mise en jugement du citoyen Eustache, administrateur de la commune de Béziers, prévenu de concussion dans l'exercice de ses fonctions ;

6° La destitution de l'agent de Wavre-Notre-Dame, canton de Duffel, comme ayant laissé sans exécution la loi sur la conscription.

Les Consuls réorganisent en même temps l'administration dudit canton de Duffel, réduite à la minorité de ses membres.

Délégués des Consuls.

Le même ministre prévient les consuls que le citoyen Lahary, membre du Conseil des Anciens, nommé délégué des Consuls dans la 6ᵉ division militaire par arrêté du 2 de ce mois, a déclaré ne pouvoir accepter ladite mission, ayant à terminer des affaires de famille qui exigent indispensablement sa présence.

Les Consuls remplacent le citoyen Lahary par le citoyen Chaillot, membre du Conseil des Cinq-Cents.

Le ministre de l'intérieur termine par présenter aux Consuls deux projets de messages à la Commission législative des Cinq-Cents, ayant pour objet de l'inviter à statuer :

Mètre et kilogramme.

1° Sur la proposition d'adopter définitivement le mètre et le kilogramme présentés au Corps législatif par l'Institut national, et de frapper une médaille comme monument de l'opération qui lui sert de base ;

Pas-de-Calais.

2° Sur celle de faire droit à une demande de l'administration centrale du département du Pas-de-Calais, qui sollicite la mise à sa disposition des bâtiments de la ci-devant abbaye de Sainte-Austreberthe, à Montreuil-sur-Mer, pour y réunir le tribunal correctionnel et les prisons de l'arrondissement dudit Montreuil.

Ces deux projets de messages sont adoptés.

Le ministre de la justice présente pareillement et fait adopter trois projets de messages à la Commission législative du Conseil des Cinq-Cents ayant pour objet de lui proposer :

Département du Liamone.

1° De s'occuper de remédier aux retards qu'a éprouvés l'enregistrement des lois des 11 brumaire, 16 pluviôse et 17 germinal an VII sur les hypothèques dans le département du Liamone ;

Condamnés par contumace.

2° De fixer le mode de constater l'identité des individus condamnés par contumace, et qui sont ensuite arrêtés ;

Actes civils.

3° De confirmer par une loi les actes civils reçus par les commissaires près les administrations municipales de Paris pendant la suspension de ces administrations.

Le même ministre représente ses divers rapports sur la publication des lois des 18 et 19 brumaire derniers. Il annonce que partout elles sont accueillies avec la satisfaction qu'elles devaient inspirer, et qu'à l'exception de quelques esprits prévenus, exagérés, ou mal intentionnés, l'immense majorité du peuple n'a aperçu dans les changements qui viennent de s'opérer que le salut de la République et le présage heureux des destinées que ce grand événement lui prépare. Cette touchante unanimité de suffrages, continue le ministre, ne permet plus de craindre qu'un génie désorganisateur puisse exciter des troubles intérieurs. La faction qui avait voulu former un État dans l'État n'existe plus. Ses membres dispersés sont livrés à une rage impuissante ou au poids de leurs propres remords. Les hommes séduits ont abjuré solennellement les erreurs, et la confiance environne le gouvernement de l'efficacité de tous ses moyens ; il n'est plus besoin, pour conserver la tranquillité publique, que de conserver une stricte surveillance sur les mêmes individus que des mesures plus énergiques ont empêchés de la troubler ; en conséquence, le ministre de la justice présente un projet d'arrêté portant que les individus qui, en conformité de l'arrêté du 20 brumaire, étaient tenus de sortir du territoire continental, et ceux qui devaient se rendre dans le département de la Charente-Inférieure (1), sont mis sous la surveillance du ministre de la police générale et se retireront dans les communes qu'il leur désignera pour y demeurer sous la surveillance de l'administration municipale, jusqu'à ce qu'il en soit autrement ordonné.

Rapport de l'arrêté de proscription.

Les Consuls adoptent ce projet d'arrêté.

Après avoir entendu le même ministre, ils prennent un autre arrêté, pour autoriser le général en chef de l'armée du Rhin à donner les ordres nécessaires pour opérer

Domaines nationaux.

---

(1) Voir plus haut, page 7.

les recherches des titres et documents transportés à Mannheim ou autres communes de la rive droite du Rhin, et qui concernent les domaines nationaux ou séquestrés dans les départements de la rive gauche du même fleuve.

Crédit pour l'entretien des routes.

Un messager d'État, envoyé par la Commission législative du Conseil des Anciens, est introduit, et remet aux consuls une loi de ce jourd'hui, qui ouvre pour l'an VIII au ministre de l'intérieur un crédit provisoire de quatre millions, destiné à acquitter les dépenses relatives à l'entretien des routes pendant la présente année.

Les Consuls ordonnent que cette loi sera publiée, exécutée, et qu'elle sera munie du sceau de la République ; elle est, en conséquence, adressée de suite à l'enregistrement, pour deux expéditions en être envoyées au ministre de la justice avec l'arrêté portant ordre d'impression et de publication dans les formes prescrites par les lois.

Levée de scellés.

On reçoit un message de la Commission législative du Conseil des Cinq-Cents, portant invitation aux Consuls d'ordonner la levée des scellés apposés sur les papiers des membres de ce Conseil compris dans la liste d'exclusion du 19 brumaire, afin de retirer de dessous lesdits scellés et renvoyer à cette Commission les pièces qui ont été confiées à ces ex-membres en qualité de rapporteurs.

Les Consuls transmettent copie de ce message au ministre de la police générale, et le chargent d'en faire droit et de faire un rapport de ce qui aura été fait en conséquence.

République ligurienne.

Le ministre de la guerre fait un rapport sur la nécessité de faire passer des grains dans la République ligurienne.

Citoyen Bourset.

Sur sa proposition, les Consuls maintiennent le citoyen Bourset dans la permission qui lui a été accordée par le général en chef de l'armée d'Italie d'exporter cent mille charges de blé, et non au delà de cette quantité, de Marseille dans les ports de la République ligurienne, à la charge de verser dans la caisse du payeur général de l'armée, avant le départ d'aucuns grains, une somme de six cent mille francs pour être employée aux besoins de l'armée d'Italie.

Sur le rapport du même ministre, les Consuls arrêtent que les restes du général Joubert, actuellement déposés dans le fort Lamalgue, à Toulon, y seront inhumés, et que ce fort portera désormais le nom de fort Joubert.

Général Joubert.

Le ministre des finances met sous les yeux des consuls la soumission, faite par les négociants et banquiers de la place de Paris, le 3 de ce mois, pour une avance au Trésor public de la somme de douze millions, remboursables sur les premières rentrées en numéraire de guerre. Il propose aux Consuls d'autoriser les commissaires de la Trésorerie à faire emploi de douze millions sur les premières rentrées en numéraire de la subvention de guerre établie par la loi du 27 brumaire dernier, pour rembourser ladite avance de douze millions, et à expédier toutes les lettres de crédit nécessaires sur les revenus des départements, à l'exception de celui du département de la Seine, de manière à assurer le prompt remboursement de ladite somme.

Avance faite par les banquiers.

Sur le rapport du même ministre, les Consuls prennent une décision pour faire payer au ministre de la justice, sur son crédit de l'an VII, une somme de 36,000 francs.

Ministre de la justice.

Après avoir entendu le même ministre, les Consuls nomment aux places de receveurs généraux des contributions directes des départements de l'Aisne, du Doubs, de la Haute-Marne, des Hautes-Alpes et de l'Indre.

Receveurs généraux.

Le ministre des finances appelle ensuite l'attention des consuls sur la nécessité de mettre promptement en recouvrement les contributions directes de l'an VIII, et de solliciter une loi qui en fixe définitivement le montant. Il expose que le Conseil des Cinq-Cents avait pris à cet égard, le 1ᵉʳ vendémiaire dernier, quatre résolutions, sur lesquelles le Conseil des Anciens n'avait pas statué à l'époque du 19 brumaire dernier, et qui lui paraissent

Contributions de l'an VIII.

avoir atteint le but marqué par les besoins du Trésor public. Il demande aux Consuls d'adresser à la Commission législative du Conseil des Cinq-Cents la proposition de prendre, le plus tôt possible, quatre nouvelles résolutions dans l'esprit de celles du 1ᵉʳ vendémiaire. Il présente un projet de message à ladite Commission, contenant cette proposition.

Les Consuls approuvent les vues du ministre des finances et adoptent le projet de message dont il s'agit.

Expédition navale. Les Consuls arrêtent ensuite une expédition navale. Ils en règlent le plan et fixent les forces de terre et de mer qui y seront employées.

La séance est levée. Le citoyen Bonaparte est désigné Consul de jour.

QUINZIÈME SÉANCE

Du 6 frimaire (1).

LE CITOYEN ROGER DUCOS, CONSUL DE JOUR

Les Consuls se réunissent à midi pour la conférence réglementaire.

Invalides. Le ministre de la guerre demande et obtient une audience extraordinaire; il appelle l'attention des Consuls sur les inconvénients qui résultent du mode adopté par l'ex-Directoire exécutif pour l'administration de la Maison nationale des Invalides. Il démontre la nécessité de rendre à l'établissement, où la reconnaissance nationale a recueilli les défenseurs de la patrie mutilés dans les combats, la forme d'administration la plus conforme à leurs habitudes. Il propose en conséquence un projet d'ar-

(1) Il n'y eut pas de séance le 5 frimaire.

rêté portant suppression de la régie intéressée et du commissaire, établis par l'arrêté du 13 frimaire an VII, pour la Maison nationale des Invalides, et création, en remplacement, d'un Conseil d'administration, composé du commandant en chef, d'un commissaire-ordonnateur, d'un commissaire des guerres et de deux militaires invalides choisis par leurs camarades.

Les Consuls adoptent ce projet d'arrêté.

Après avoir entendu le même ministre, les Consuls rapportent l'arrêté de l'ex-Directoire exécutif du 9 vendémiaire an VIII, et arrêtent que les bataillons auxiliaires qui seront nécessaires pour porter l'armée au complet, seront incorporés dans les demi-brigades d'infanterie de bataille et d'infanterie légère; ils règlent en même temps le sort des officiers et sous-officiers attachés à ces bataillons. *Bataillons auxiliaires.*

Un messager d'État, envoyé par la Commission législative du Conseil des Anciens, est introduit et remet aux Consuls une loi de ce jourd'hui qui astreint les receveurs généraux des départements à fournir un cautionnement en numéraire, égal au vingtième du montant de la contribution foncière de leurs départements respectifs, et à souscrire des obligations pour le montant des contributions directes qu'ils doivent recouvrer, payables à jour fixe et par douzième, de mois en mois. *Receveurs généraux.*

Les Consuls ordonnent que cette loi sera publiée, exécutée, et qu'elle sera munie du sceau de la République; elle est en conséquence adressée de suite à l'enregistrement, pour deux expéditions en être envoyées, sans délai, au ministre de la justice, avec l'arrêté portant ordre d'impression et de publication dans les formes prescrites par les lois.

On adresse à la Commission législative du Conseil des Cinq-Cents quatre messages, dont l'envoi a été arrêté dans la séance du 4 de ce mois, relatifs aux contributions de l'an VIII, aux condamnés en fuite arrêtés de nou- *Messages.*

veau, aux actes reçus par les commissaires près les administrations municipales de Paris pendant la suspension desdites administrations, et à l'exécution dans le département du Liamone des lois sur le régime hypothécaire.

La séance est levée. Le citoyen Siéyès est désigné Consul de jour.

SEIZIÈME SÉANCE

Du 7 frimaire.

LE CITOYEN SIÉYÈS, CONSUL DE JOUR

La séance est ouverte par la lecture de la correspondance.

Le ministre des relations extérieures est entendu sur divers objets diplomatiques.

Citoyen Descorches. Il fait un rapport sur la mission du citoyen Descorches et propose de fixer son traitement à quatre-vingt mille francs; cette proposition est adoptée.

Empire d'Allemagne. Dans un second rapport, le même ministre rend compte des dispositions des princes du sud de l'Empire à l'égard de la France, dont il a été informé par le citoyen Bacher.

Agents diplomatiques. Après avoir entendu le même ministre, les Consuls arrêtent, relativement à diverses agences diplomatiques, les dispositions suivantes:

Le citoyen Deforgues, ministre de la République française près la République batave, est rappelé.

Il sera remplacé dans cette mission par le citoyen Grouvelle, actuellement ministre en Danemark.

Le citoyen Bourgoing remplacera, près Sa Majesté le roi de Danemark, le citoyen Grouvelle.

Le général Beurnonville est nommé ministre plénipotentiaire de la République française près Sa Majesté le roi de Prusse.

Le citoyen Victor Colchen est nommé secrétaire de cette légation.

Le même ministre soumet aux Consuls ses vues sur une négociation à conclure avec le gouvernement batave, relativement à des biens appartenant à la France et enclavés dans le territoire hollandais. *Gouvernement batave.*

Les Consuls approuvent les vues du ministre.

Le ministre des relations extérieures termine en soumettant aux Consuls les patentes par lesquelles MM. Erich Ley et Johann Tudolf Tréetgens ont été nommés consuls de la nation danoise, le premier dans les ville et port de Nice, le second dans les ville et port de Cette. Il propose de leur accorder l'*exequatur*. *Consuls danois.*

L'*exequatur* est accordé.

Le ministre de la guerre présente un projet d'organisation de la garde des Consuls, suivant lequel ce corps sera composé de deux bataillons de grenadiers à pied, de deux escadrons de grenadiers à cheval, auxquels sera spécialement affectée une compagnie d'artillerie légère. *Garde des Consuls.*

Les Consuls adoptent ce projet.

Sur les rapports du même ministre, les Consuls prennent plusieurs autres arrêtés.

Le premier met à la disposition de ce ministre le château de Versailles pour y loger des militaires invalides. *Château de Versailles.*

Le second fixe le traitement extraordinaire des généraux de division faisant les fonctions de lieutenants des généraux en chef. *Généraux.*

Le troisième accorde la ration aux réfugiés italiens qui n'ont pas rejoint à Grenoble pour y être incorporés dans la Légion. *Réfugiés italiens.*

Le quatrième nomme le général Kniaziewicz chef de la Légion polonaise et le charge, conjointement avec le commissaire ordonnateur employé près d'elle, d'en nommer provisoirement les officiers, sauf l'approbation des Consuls. *Légion polonaise.*

Conscrits.

Le cinquième est relatif à un bataillon de conscrits. (La minute a été retirée par le ministre.)

Général Lecourbe.

Sur la proposition du même ministre, les Consuls le chargent d'envoyer au général Lecourbe une collection des cartes de la France.

Promotions militaires.

Le ministre de la guerre soumet ensuite aux Consuls un travail sur le personnel de la guerre, contenant la proposition de diverses promotions militaires; ce travail est approuvé ainsi qu'il suit:

Le citoyen Charles Saint-Cricq Cazeaux est remis en activité de service dans ses fonctions de commissaire des guerres.

Le citoyen Peignau Saint-Martin, ci-devant adjudant-capitaine de la place de Carcassonne, est admis à jouir du traitement de réforme de son grade.

Le citoyen Martin, maréchal des logis au 2ᵉ régiment de chasseurs à cheval, est nommé à la sous-lieutenance dans ce corps.

Le citoyen Fanneau-Lahorie, sergent de la 1ʳᵉ compagnie du 3ᵉ bataillon de la 7ᵉ demi-brigade d'infanterie, est nommé sous-lieutenant dans le même corps.

Le chef de brigade Dalen, ci-devant commandant de la place de Bordeaux, est nommé au commandement de celle d'Avignon.

Le citoyen Maillet, lieutenant d'infanterie, est nommé à l'adjudance du grade de lieutenant de la place de Port-Malo (1).

Le remplacement du citoyen Zeller, capitaine au 10ᵉ régiment de chasseurs, ordonné par le général Masséna, est confirmé. Il jouira, dans ses foyers, du traitement de réforme jusqu'à ce que sa pension de retraite soit réglée.

Le citoyen Martigue est confirmé dans le grade de chef d'escadron qui lui a été conféré par le général en chef de l'armée du Danube.

(1) C'est le nom révolutionnaire de Saint-Malo.

Le citoyen Bertre est pareillement confirmé dans le grade de capitaine auquel il a été nommé par le commissaire du gouvernement, dans les départements de Corcyre, Ithaque et de la mer Égée.

Sur les propositions du ministre de la marine, les Consuls arrêtent diverses autres promotions dans la marine et dans l'artillerie maritime.

Promotions dans la marine.

Le citoyen Prigny, lieutenant de vaisseau, est promu au grade de capitaine de frégate. Les citoyens Delac et Chapus, enseignes, sont nommés lieutenants de vaisseau.

Les citoyens Nores, Bolle-Lasalle et Toux sont nommés enseignes de vaisseau.

L'arrêté du général en chef Bonaparte, daté d'Alexandrie, le 21 pluviôse an VII, portant nomination du citoyen Villers, commis ordinaire de marine, au grade de sous-commissaire de 3° classe, est confirmé.

Le citoyen Grandjean, lieutenant à la 5° demi-brigade des troupes d'artillerie de la marine, est nommé capitaine dans la même demi-brigade.

La nomination du citoyen Picard à l'emploi de second sous-lieutenant, dans la 1re demi-brigade des troupes d'artillerie de la marine, est confirmée.

Le citoyen Pierre-Marie-René-Étienne Dumanoir-Lepeley, chef de division, est promu au grade de contre-amiral.

Le citoyen René-Madeleine Latouche-Tréville est rétabli à son rang dans le même grade.

Après avoir entendu le même ministre, les Consuls voulant donner à la mémoire du citoyen Baudin (des Ardennes), dans la personne de l'aîné de ses enfants, un gage de l'estime dû aux travaux, aux principes et aux vertus de ce citoyen, arrêtent qu'il sera prélevé, sur les fonds particuliers mis à leur disposition, une somme annuelle de mille francs, pour être employée à l'entretien du citoyen Baudin fils, actuellement novice-timonier employé au Havre, jusqu'au moment où il sera promu au

Baudin (des Ardennes).

grade d'enseigne de vaisseau, et qu'il lui sera, en outre, payé une somme de cent cinquante francs pour ses frais de voyage et ses vêtements.

<small>Citoyens Castagnier et Sibille.</small>

Le même ministre propose d'accorder un sabre de la manufacture de Versailles au citoyen Castagnier, chef de division, et une paire de pistolets, de la même manufacture, au citoyen Sibille, capitaine de vaisseau, comme un témoignage de satisfaction des services qu'ils ont rendus, le premier en Hollande, le second sur les côtes d'Italie. Cette proposition est adoptée.

La séance est levée. Le citoyen Bonaparte est désigné Consul de jour.

DIX-SEPTIÈME SÉANCE

Du 8 frimaire.

LE CITOYEN BONAPARTE, CONSUL DE JOUR

La séance est ouverte par la lecture de la correspondance.

<small>Ministre de la Justice.</small>

Le ministre de la justice fait aux Consuls un quatrième rapport sur la promulgation, dans les départements, des lois des 18 et 19 brumaire dernier contenant des mesures de salut. (Il l'a retiré.)

Il soumet ensuite aux Consuls le tableau des décisions par lui rendues depuis le 18 brumaire jusqu'à ce jour d'hui. (Il l'a retiré.)

<small>Haute-Saône.</small>

Les Consuls confirment une autre décision rendue par le même ministre sur un conflit d'attributions élevé entre le tribunal criminel et l'administration centrale de la Haute-Saône, à l'occasion d'un jugement rendu par ce tribunal sur un délit forestier, contre la commune de Faymont; ladite décision portant que cette commune n'a pu être mise en jugement sans l'autorisation de l'autorité administrative.

Sur le rapport du même ministre, les Consuls prennent trois arrêtés : le premier déclare démissionnaire le citoyen Regnault, juge au tribunal civil du département d'Indre-et-Loire, comme s'étant absenté sans autorisation légale.

Citoyen Regnault.

Le second nomme le citoyen du Bois du Bais, membre du Conseil des Anciens, commissaire du gouvernement dans les quatre nouveaux départements de la rive gauche du Rhin, en remplacement du citoyen Lakanal, appelé à d'autres fonctions.

Citoyen du Bois du Bais.

Le troisième nomme le citoyen Garrau, ex-député au Corps législatif, à une place de juge au tribunal de revision dans les mêmes départements.

Citoyen Garrau.

Le même ministre appelle l'attention des Consuls, dans trois rapports, sur la nécessité :

1° D'établir un tribunal spécial, à leur nomination, pour juger en dernier ressort les affaires en matière de prises maritimes, afin d'arrêter enfin les abus et les écarts de la course maritime ;

Course maritime.

2° De généraliser et d'étendre aux tribunaux civils, criminels et correctionnels, les dispositions de la loi du 23 floréal an IV, qui autorisent les juges de paix des pays infestés par les rebelles à continuer l'exercice de leurs fonctions dans les lieux où ils seront réfugiés ;

Juges de paix.

3° De fixer le mode de constater le décès d'un individu qu'on suppose avoir péri dans une action entre des rebelles et des soldats républicains.

Constatation des décès.

Il demande aux Consuls d'inviter la Commission législative du Conseil des Cinq-Cents à statuer sur ces trois objets ; il présente à cet effet trois projets de messages, contenant chacun une desdites propositions.

Les Consuls approuvent les vues du ministre et adoptent les projets de messages par lui présentés.

Le ministre de l'intérieur met sous les yeux des Consuls les plaintes qui lui ont été adressées contre divers

Administrateurs infidèles.

administrateurs, comme ayant négligé ou trahi leurs devoirs, ou ayant commis des abus de pouvoir dans l'exercice de leurs fonctions.

Sur ces propositions, les Consuls arrêtent :

Destitutions. 1° La destitution et le remplacement des citoyens Viterbi, Cazale et Renacci, membres de l'administration centrale du département du Golo, et des citoyens Rirtoracci et Philippi, membres de celle du département du Liamone;

2° La destitution de la majorité des membres des administrations municipales de la commune de Bruges, département de la Lys; du canton de l'Isle-sur-Serein, département de l'Yonne, et du canton de Botot (?), département des Côtes-du-Nord;

3° La destitution d'un administrateur municipal de Namur et de plusieurs administrateurs du canton de Froidmont, département de Jemappes;

4° La destitution des agents municipaux des communes de Saint-Christophe, de Warlins (?), de Villedonné (?), Souvigny, Luscé et Ports (?), de Chauffour, de Fontenay, de Saint-Pierre-Bois, de Bourg-Égalité et de Saint-Martin; du président de l'administration municipale du canton d'Albestroff, et des adjoints des communes de Corller, de Mittelhausen et d'Angerville;

5° La mise en jugement de l'officier de l'état civil de la commune de Bruyère, en l'an IV, pour crime de faux; du citoyen Denizot, ex-agent de la commune de Saint-Phal, pour concussion, de l'ex-agent de la commune de Ribet pour falsification des registres; du citoyen Thimonier, maire en l'an II de la commune de Violay, pour même délit; de l'ex-agent de la commune de Griesheim, pour avoir recelé un déserteur; et des ex-agent et adjoint des communes d'Homeker (?) et d'Illwickersheim, pour dilapidation des deniers publics.

Les Consuls rapportent les arrêtés de l'ex-Directoire exécutif qui ont prononcé la destitution du citoyen Lafontaine-Guizet, président de l'administration municipale de Châteauneuf, département d'Ille-et-Vilaine, et des citoyens Mégare et Rosa, agent et adjoint de Versaix, département du Léman.

Le citoyen Lamarque est nommé commissaire du gouvernement près l'administration centrale du département de Lot-et-Garonne. Lot-et-Garonne.

On nomme plusieurs autres commissaires près les administrations municipales de divers cantons. Cantons.

Le citoyen Guyomar est nommé à la place de préposé en chef de l'octroi municipal de Morlaix. Morlaix.

On opère différentes mutations dans la régie municipale de Paris. Paris.

Les Consuls rapportent l'arrêté de l'ex-Directoire exécutif du 27 vendémiaire dernier, qui déclare applicable aux citoyens Piétry, Leca et Pandolphy les lois du 19 fructidor an V, 9 frimaire et 5 ventôse an VI. Rapport d'un arrêté.

Le ministre de l'intérieur présente et fait adopter des projets d'organisation des octrois municipaux des communes de Beauvais, de Genève et d'Auray. Octrois municipaux.

Il présente pareillement et fait adopter huit projets de messages à la Commission législative du Conseil des Cinq-Cents, ayant pour objet de lui proposer de statuer sur les demandes des communes de Metz, de Cambrai, de Fontenay-le-Peuple, d'Épinal, de Lille et de Limoges, qui sollicitent des octrois municipaux en leur faveur, sur celle de la commune de Bazordan, tendant à être autorisée à imposer sur elle-même une somme de 7,895 francs, et sur celle des administrateurs de Châlons, département de la Marne, relative à un échange projeté entre eux et le citoyen Baugrain.

Les Consuls adoptent un neuvième projet de message à la même Commission, présenté par le même ministre, contenant la proposition de s'occuper de l'examen d'un message de l'ex-Directoire exécutif, relatif au moyen de procurer du travail aux ouvriers dans la saison rigoureuse. Ouvriers.

Mines de houille. — Après avoir entendu le même ministre, les Consuls accordent au citoyen Hardinpont la concession des mines de houille du parc de Marimont.

Lazaret de Marseille. — Ils ordonnent l'exécution des arrêtés de l'ex-Directoire exécutif des 17 thermidor an VI et 6 vendémiaire an VIII, relatifs aux fonds de la caisse du Lazaret de Marseille.

Ministre de l'intérieur. — Le ministre de l'intérieur termine par un rapport sur la situation des différents services dont il est chargé; il annonce que tous sont à la veille d'être paralysés par le manque de fonds et invite les Consuls à arrêter leurs regards sur l'état déplorable de plusieurs établissements importants, menacés d'une entière destruction, si on ne se hâte de venir à leur secours.

Trésorerie nationale. — Le ministre des finances met sous les yeux des Consuls l'état des fonds disponibles à la Trésorerie nationale pendant la présente décade et le tableau des demandes des divers ordonnateurs; il présente en même temps et fait adopter quatre projets de décisions pour la distribution desdits fonds, pour les dépenses des exercices de l'an V, de l'an VI, de l'an VII et de l'an VIII.

Caisse d'amortissement. — Sur les rapports du même ministre, les Consuls arrêtent que la caisse d'amortissement, créée par la loi du 6 de ce mois, sera établie dans la maison nationale dite la ci-devant mairie, et réglée par une administration composée de trois membres, les citoyens Chanorier, Mollien et Décretot.

Spire et Mayence. — Ils rectifient une omission dans l'arrêté de l'ex-Directoire exécutif du 13 vendémiaire dernier, portant délimitation des bureaux de garantie de matières et ouvrages d'or et d'argent établis à Spire et à Mayence.

Le même ministre soumet aux Consuls des observations :

1° Sur les améliorations dont est susceptible l'impôt du timbre et de l'enregistrement;

Postes. — 2° Sur le règlement à faire pour la taxe des lettres;

3° Sur les avantages qui résulteraient de l'administration des postes, organisée en régie intéressée ;

4° Sur le changement à faire au tarif de la poste aux chevaux ;

5° Sur la demande faite par la famille du général Duphot d'être payée en domaines nationaux de 142,000 fr. qui lui restent dus sur les 150,000 francs qui lui ont été accordés ; *Général Duphot.*

6° Sur la nécessité d'appliquer aux pensions militaires et à celles des Invalides 39,500,000 francs accordés par la loi du 27 brumaire dernier pour le payement des rentes et pensions du deuxième semestre de l'an VII ; *Pensions militaires.*

7° Sur la liquidation des paiements faits par les comptables pendant le cours forcé du papier-monnaie. *Liquidation.*

Le ministre présente sept projets de messages à la Commission législative du Conseil des Cinq-Cents, contenant chacun la proposition de statuer sur un de ces objets. Les Consuls approuvent les vues du ministre et adoptent les projets de messages dont il s'agit ; ils ajournent leur décision sur la demande de dix-neuf courriers des malles, destitués pour s'être laissé piller leurs dépêches, tendant à être réintégrés dans leurs emplois.

Dans un dernier rapport, le ministre des finances propose aux Consuls de faire mettre à leur disposition la maison de Nivernois, pour y loger les personnes employées près d'eux. Les Consuls ordonnent la communication de ce rapport au ministre de l'intérieur. *Maison de Nivernois.*

Sur le rapport du ministre de la police générale, les Consuls rapportent les arrêtés du Directoire exécutif, tant individuels que collectifs, rendus en application de l'article 24 de la loi du 19 fructidor an V, en ce qui concerne les prêtres qui ont prêté tous les serments que les lois ont prescrits aux ministres du culte et qui ne les ont pas rétractés, ou qui se seront mariés ou auront cessé leurs fonctions. *Prêtres.*

Après avoir entendu le même ministre, ils arrêtent que *Robert Barclay.*

Robert Barclay, Anglais, arrêté sur un vaisseau neutre par un corsaire français, et détenu au Temple, sera mis en liberté, conformément à l'article 6 du cartel d'échange des prisonniers de guerre entre la République française et la Grande-Bretagne. Il lui est enjoint de sortir du territoire de la République dans quinze jours.

La séance est levée. Le citoyen Roger Ducos est désigné Consul de jour.

DIX-HUITIÈME SÉANCE

Du 9 frimaire.

LE CITOYEN ROGER DUCOS, CONSUL DE JOUR.

La séance est ouverte par la lecture de la correspondance.

Espagne. — Le ministre des relations extérieures invite les Consuls à nommer un ambassadeur près le roi d'Espagne ; il leur soumet une liste des candidats qu'il croit les plus propres à exercer ces fonctions. Les Consuls nomment à cette ambassade le citoyen Alquier (1).

Prince de la Paix. — Sur la proposition du même ministre, les Consuls l'autorisent à se concerter avec le ministre de la guerre pour faire préparer à la manufacture nationale d'armes de Versailles, pour le prince de la Paix, une armure pareille à celle qui a été faite pour l'amiral Mazarredo.

Général Legrand. — Le ministre de la guerre fait un rapport sur la conduite du général Legrand. Les Consuls ajournent leur décision relativement à ce général jusqu'à nouveaux renseignements.

Citoyen Claparède. — Sur les rapports du même ministre, le citoyen Clapa-

(1) Alquier remplaçait à Madrid le citoyen Guillemardet, précédemment rappelé.

rède, capitaine surnuméraire de la 23ᵉ demi-brigade légère, est confirmé dans le grade de chef de bataillon, auquel il a été élevé par le général en chef Moreau.

Le citoyen Lepreux, chef titulaire de la 6ᵉ demi-brigade de ligne, est nommé commandant de la 96ᵉ. Il sera remplacé, dans le commandement de la 6ᵉ, par le citoyen Dufour, chef de la 79ᵉ, qui est confirmé dans le grade de chef de brigade auquel il a été élevé par le commissaire du gouvernement dans les départements de Corcyre, d'Ithaque et de la mer Egée. *Citoyens Lepreux et Dufour.*

Le ministre des finances demande et obtient une audience extraordinaire. Sur son rapport, les Consuls prennent une décision pour faire payer au ministre de la guerre, sur ses crédits de l'an VIII, une somme de six millions deux cent mille francs. *Ministre de la guerre.*

On adresse à la Commission législative du Conseil des Cinq-Cents neuf messages arrêtés dans la séance d'hier.

Le reste de la séance est employé en conférences sur divers objets politiques.

La séance est levée. Le citoyen Sièyès est nommé Consul de jour.

DIX-NEUVIÈME SÉANCE

Du 11 frimaire (1).

LE CITOYEN BONAPARTE, CONSUL DE JOUR

A midi, les Consuls se réunissent pour la conférence réglementaire.

Un messager d'État, envoyé par la Commission législative du Conseil des Anciens, est introduit et remet aux *Domaines nationaux.*

(1) Il n'y eut pas de séance le 10 frimaire.

Consuls une loi de ce jourd'hui, qui accorde aux acquéreurs des domaines nationaux de toute nature un nouveau délai pour se libérer.

Les Consuls ordonnent que cette loi sera publiée, exécutée, et qu'elle sera munie du sceau de la République; elle est, en conséquence, adressée de suite à l'enregistrement pour deux expéditions en être envoyées au ministre de la justice, avec l'arrêté portant ordre d'impression et de publication dans les formes prescrites par les lois.

On adresse à la Commission législative du Conseil des Cinq-Cents neuf messages arrêtés dans la séance du 8 de ce mois.

Général Murat. — Les consuls nomment commandant en chef et inspecteur de leur garde le citoyen Murat, général de division.

Chef de brigade Bessière. — Le chef de brigade Bessière est nommé commandant des grenadiers à cheval du même corps.

La séance est levée. Le citoyen Roger Ducos est désigné Consul de jour.

VINGTIÈME SÉANCE

Du 12 frimaire.

LE CITOYEN ROGER DUCOS, CONSUL DE JOUR

La séance est ouverte par la lecture de la correspondance.

Salm-Kirbourg. — Le ministre de la justice expose aux Consuls que les circonstances ayant nécessité l'occupation de la principauté de Salm-Kirbourg, le fils du dernier souverain de ce pays a sollicité une indemnité indispensable au soutien de son existence, et a obtenu du Directoire exécutif un arrêté qui lui assure une pension de douze mille francs; que, cependant, il ne lui a été rien payé jusqu'à ce jour ni sur les arrérages de cette pension, ni sur une somme de seize mille trois cent soixante-trois francs qui lui est due en remboursement de perceptions faites sur ses revenus pour le compte de la République. Le ministre estime qu'il est de la dignité du gouvernement français de faire acquitter ces deux objets ; en conséquence, il demande à être autorisé à écrire tant au ministre des relations extérieures qu'au commissaire du gouvernement dans les quatre nouveaux départements de la rive gauche du Rhin, pour les inviter à faire effectuer ce payement. Les Consuls accordent l'autorisation dont il s'agit.

Ils approuvent la proposition faite par le même ministre d'établir un troisième vérificateur des domaines dans chacune des directions de Mayence et d'Aix-la-Chapelle. *l'intérieur ?*   Domaines.

Le ministre de la marine soumet aux Consuls un travail relatif à la destitution et au remplacement de divers commissaires du gouvernement près les administrations municipales de plusieurs cantons ; ses propositions sont adoptées, le tableau en est joint au procès-verbal.   Destitutions.

Le même ministre met sous les yeux des Consuls les renseignements défavorables qui lui ont été adressés contre plusieurs administrateurs municipaux, qui lui paraissent indignes de la confiance du gouvernement, soit comme ayant négligé l'exécution des lois les plus importantes, et l'observation des institutions républicaines, soit comme s'étant rendus coupables de divers abus d'autorité et de différents délits dans l'exercice de leurs fonctions.

Sur ses propositions, les Consuls destituent plusieurs membres des administrations municipales des cantons d'Oostramp (?), de Mer-Église, Igoville et Bricquebec, le président de celles du canton de Bruyère, les agents municipaux des communes de Rupt, de Biesmeurée, de Grémonville, de Mallemort, de Landujan, de Saint-Pern, de Mandray, de Villeneuve, de Bredon et de Claira.

Mises en jugement. Ils ordonnent la mise en jugement contre plusieurs ex-membres du Directoire du district d'Orange et des municipalités d'Orange, de Mouras et de Mondragon et Pont-Saint-Esprit, prévenus d'être complices de l'assassinat des prisonniers d'Orange.

La même mesure est adoptée à l'égard des citoyens Vanhorsigh, ex-commissaire du canton d'Eckeren (?), et Maréchal, commissaire dans le canton d'Hannut (?), prévenus, le premier, de concussion, le second d'actes de violence.

Les Consuls autorisent le citoyen Gaal Reb à prendre à partie les citoyens Suttler et Haas, ex-agent et adjoint de la commune de Breetenbach (?), comme ayant exercé des concussions à son égard.

Poperinghe. Ils réorganisent l'administration municipale de Poperinghe, dont les membres ont donné leur démission.

Grandes routes. Le même ministre fait ensuite un rapport succinct sur les causes du mauvais état des routes. Il l'attribue principalement aux vices de la législation sur cette partie, et annonce qu'il s'occupe d'un travail propre à la rectifier.

Après avoir entendu le même ministre, les Consuls l'autorisent à ordonnancer, sur le produit de la taxe d'entretien des grandes routes pendant l'an VIII, jusqu'à concurrence de la somme de quatre millions, pour l'acquit des dépenses relatives à cet objet.

Département du Liamone. Ils annulent un arrêté pris par l'administration centrale du département du Liamone, le 13 brumaire dernier, pour établir une taxe de quarante centimes sur chaque déclaration concernant l'état civil.

Canton de Paris. Ils confirment la nomination faite par l'administration centrale du département de la Seine des citoyens Pils, Dubois et Dubus, aux fonctions de membres du bureau central du canton de Paris.

Bureaux de bienfaisance. Ils prennent un arrêté pour l'organisation des bureaux de bienfaisance de la commune de Paris, et d'un Comité général de bienfaisance près le ministre de l'intérieur.

Ce ministre termine par un rapport sur l'exécution de l'article 15 du titre 2 de la loi du 20 septembre 1792, relatif au mode de constater l'état civil des citoyens, qui ordonne que la première table générale des registres établis pour cet objet sera faite en l'an 1800. Il observe que cet article doit être modifié, et que l'indication de l'an X de la République serait avantageusement substituée à celle fixée par cet article ; il présente et fait adopter un projet de message à la Commission législative du Conseil des Cinq-Cents, contenant la proposition de statuer sur cet objet. *État civil.*

Un messager d'État, envoyé par la Commission législative du Conseil des Anciens, est introduit et remet aux Consuls une loi du jourd'hui qui fixe les contributions directes de l'an VIII. *Contributions de l'an VIII.*

Les Consuls ordonnent que cette loi sera publiée, exécutée, et qu'elle sera munie du sceau de la République ; elle est, en conséquence, adressée de suite à l'enregistrement, pour deux expéditions en être envoyées sans délai au ministre de la justice, avec l'arrêté portant ordre d'impression et de publication dans les formes prescrites par les lois.

Sur le rapport du ministre des finances, les Consuls autorisent des coupes extraordinaires dans les bois des communes d'Encausse et de Gillancourt et dans trois forêts nationales. *Coupes de bois.*

Ils prennent une décision pour une distribution décadaire pour le service de l'an VII.

Ils rapportent l'arrêté du Directoire exécutif du 29 ventôse an VII, qui annule la vente consentie au citoyen Dray des domaines du Marais et de la Dalgone, et maintiennent l'adjudication faite des mêmes domaines aux citoyens Livoche, Duplan et autres. *Ventes.*

Les Consuls ajournent leur décision sur deux ou trois rapports du même ministre, relatifs, le premier, au remplacement du receveur du département de Seine-et-Oise, le second, à la vente du bois de Corbigny.

Le même ministre fait cinq autres rapports sur des objets qui exigent la décision des Commissions législatives.

Biens nationaux. Le premier, sur une erreur qui s'est glissée dans la rédaction de l'article 4 de la loi du 11 de ce mois, relative à la libération des acquéreurs de biens nationaux, en ce qu'il est énoncé que leur liquidation sera faite d'après le cours des mandats au jour du procès-verbal de vente, tandis que l'intention du législateur paraît avoir été que l'on suivît pour cette liquidation le cours des mandats au jour de la soumission.

Titres et Archives. Le second, sur le besoin d'une loi qui, en conformité du message du Directoire exécutif du 14 pluviôse an VII, fasse rentrer dans les attributions du gouvernement tout ce qui est relatif au triage des titres, ainsi que la surveillance des archives domaniales et judiciaires.

Gien. Le troisième, sur une demande de l'administration centrale du Loiret, tendant à ce que les salles des séances du ci-devant district de Gien soient affectées au service du tribunal correctionnel de cette commune.

Général Duphot. Le quatrième, sur un mémoire de la famille du général Duphot, ayant pour objet de solliciter le paiement en domaines nationaux des 142,000 francs qui lui restent dus sur les 150,000 francs qui lui ont été accordés.

Citoyen Morand. Le cinquième sur une demande du citoyen Morand, tendant à obtenir la concession d'une partie de la maison des ci-devant Visitandines de La Rochefoucauld, aux offres qu'il fait (1) de faire construire, à ses frais, des casernes pour la brigade de gendarmerie de cette commune.

Le ministre invite les Consuls à adresser à la Commission législative du Conseil des Cinq-Cents ces cinq rap-

(1) Cette phrase est textuelle.

ports, avec des messages contenant la proposition de statuer sur chacun de ces objets. Il présente en même temps les projets de ces messages.

Les Consuls approuvent les vues du ministre et adoptent les projets des messages par lui présentés.

La séance est levée. Le citoyen Siéyès est désigné Consul de jour.

VINGT ET UNIÈME SÉANCE

Du 13 frimaire.

LE CITOYEN SIÉYÈS, CONSUL DE JOUR

La séance est ouverte par la lecture de la correspondance.

Le ministre des relations extérieures communique aux Consuls des lettres du citoyen Otto. — Citoyen Otto.

Le même ministre fait trois rapports :

Le premier, sur notre situation avec les États-Unis de l'Amérique ; — Diplomatie.

Le second, sur les emplois vacants au département des relations extérieures ;

Le troisième, sur les dénominations à donner aux consuls de France dans les villes et ports étrangers ; il propose de les désigner sous le nom de commissaires des relations commerciales de la République française. — Consulats.

Les Consuls approuvent cette dénomination.

Sur la proposition du même ministre, ils accordent un secours provisoire de 1,200 francs au citoyen Folard, ancien employé aux relations extérieures, en considération de son grand âge et de ses longs services. — Citoyen Folard.

Les Consuls signent les pleins pouvoirs du citoyen — Citoyen Descorches.

Descorches, ministre plénipotentiaire, pour les négociations dont il est chargé.

Un messager d'État, envoyé par la Commission législative du Conseil des Anciens, est introduit et remet aux Consuls deux lois.

<small>Invalides.</small> La première ouvre à la Trésorerie nationale un crédit de deux millions quatre cent mille francs, pour subvenir au payement des pensions des militaires et des Invalides pour le second semestre de l'an VII.

<small>Trésorerie nationale.</small> La seconde autorise les commissaires de la Trésorerie nationale à prendre, pour le recouvrement des débets des comptables et des entrepreneurs et fournisseurs, tous arrêtés nécessaires qui seront exécutoires par provision, par les mêmes voies que ceux des commissaires de la comptabilité intermédiaire pour les comptes soumis à leur examen.

Les Consuls ordonnent que ces deux lois seront publiées, exécutées et qu'elles seront munies du sceau de la République; elles sont en conséquence adressées de suite à l'enregistrement, pour deux expéditions de chacune être envoyées sans délai au ministre de la justice, avec l'arrêté portant ordre d'impression et de publication dans les formes prescrites par les lois.

On adresse à la Commission législative du Conseil des Cinq-Cents quatre messages arrêtés dans la séance d'hier.

<small>Armée d'Orient.</small> Le ministre de la guerre observe que la loi du 23 fructidor dernier, relative à la solde des armées de la République, ne comprend pas celle d'Orient dans les dispositions qu'elle règle pour toutes les autres, et que cette espèce d'oubli est faite pour affliger sensiblement les Français qui combattent si glorieusement et qui ont fait tant de sacrifices en Égypte. Il présente un projet de message à la Commission législative du Conseil des Cinq-Cents ayant pour objet de lui proposer de comprendre, par une loi positive, l'armée d'Orient comme toutes les

autres dans la distribution des fonds affectés annuellement aux dépenses de la guerre, et d'ordonner qu'il sera fait, pour la solde de cette armée, un fonds de quinze millions à prendre sur les contributions levées en Égypte, sur laquelle somme la Trésorerie nationale fera au ministre de la guerre l'avance d'un million pour payer les sommes qui ont été légitimement réclamées par les militaires et agents d'administration revenant de l'armée d'Orient, ainsi que des sommes qu'il sera nécessaire d'accorder aux femmes dont les maris sont en Égypte et qui manquent absolument de moyens d'existence. Les Consuls approuvent les vues du ministre et adoptent le projet de message dont il s'agit.

Ils autorisent le même ministre à nommer aux places d'officiers dans les compagnies de vétérans, en se conformant aux lois sur l'admission dans ces compagnies. *Compagnies de vétérans.*

Le ministre de la guerre soumet ensuite aux Consuls plusieurs propositions relatives à des réintégrations d'officiers et à des promotions militaires. Les Consuls adoptent ces propositions. Le tableau est joint au procès-verbal (1). *Promotions militaires.*

La séance est levée. Le citoyen Bonaparte est désigné Consul de jour.

VINGT-DEUXIÈME SÉANCE

Du 14 frimaire.

LE CITOYEN BONAPARTE, CONSUL DE JOUR

La séance est ouverte par la lecture de la correspondance.

Le ministre de l'intérieur soumet aux Consuls des projets d'organisation provisoire des octrois municipaux des *Octrois municipaux.*

(1) Cette pièce manque.

communes de Brest, de Rennes, de Tours et de Grenoble. Les Consuls adoptent ces projets et nomment les préposés en chef desdits établissements.

Le même ministre fait cinq rapports :

1° Sur une demande de la commune de Calais, qui sollicite l'établissement d'un octroi de bienfaisance à son profit ;

Nièvre.
2° Sur un mémoire de l'administration centrale du département de la Nièvre, ayant pour objet d'obtenir l'autorisation d'acquérir une maison sise à Nevers, appartenant au citoyen Lecouteux, pour en faire une maison d'arrêt ;

Hospice de Chaumont.
3° Sur une pétition de la commission administrative de l'hospice de Chaumont, département de la Haute-Marne, afin d'être autorisé afin de faire l'échange d'un terrain appartenant à cet hospice ;

Hospice d'Alais.
4° Sur un mémoire de la commission administrative de l'hospice d'Alais, département du Gard, qui sollicite le remplacement des rentes appartenant à cet établissement, qui ont été remboursées au profit du Trésor public ;

Hospice de Chambly.
5° Sur une demande des administrateurs de l'hospice de Chambly, département de l'Oise, afin d'être autorisés à aliéner un terrain appartenant à cet hospice.

Ces diverses demandes étant du ressort de l'autorité législative, le ministre propose aux Consuls de les transmettre à la Commission intermédiaire du Conseil des Cinq-Cents, avec des messages contenant les propositions de statuer sur chacune d'elles, et il présente les projets desdits messages ; ils sont adoptés.

Prytanée.
Le ministre de l'Intérieur termine par un rapport sur la situation actuelle du Prytanée français. Il annonce que la gêne extrême que cet établissement éprouve par le retard de la rentrée des fonds qui lui ont été accordés ne lui permet pas, dans ce moment, de se charger de nouveaux élèves, le nombre de ceux qui y ont été admis étant plus que complet.

Le ministre des finances appelle l'attention des Consuls :

1º Sur la nécessité de fixer et assigner un fonds pour la dépense pendant l'an VIII, de la liquidation de la ci-devant administration générale des postes et messageries ;

Postes et Messageries.

2º Sur les encouragements à donner aux salpêtriers, et sur les bases qu'il convient de suivre dans la fixation du prix du salpêtre livré au gouvernement, et de celui vendu aux particuliers.

Salpêtriers.

Il invite les Consuls à adresser à la Commission législative des Cinq-Cents la proposition de statuer sur ces deux objets et présente à cet effet deux projets de messages.

Les Consuls approuvent les vues du ministre et arrêtent l'envoi des deux messages dont il s'agit.

Ils ajournent leur décision sur un rapport du même ministre, relatif à la nomination du receveur général du département de Seine-et-Oise.

Seine-et-Oise.

On adresse à la Commission législative du Conseil des Cinq-Cents le message arrêté dans la séance d'hier, concernant la solde de l'armée d'Orient et ceux relatifs aux archives domaniales et judiciaires et à l'échange proposé par le citoyen Morand.

La séance est levée. Le citoyen Roger Ducos est désigné Consul de jour.

VINGT-TROISIÈME SÉANCE

Du 16 frimaire (1).

LE CITOYEN SIÉYÈS, CONSUL DE JOUR

Les Consuls se réunissent à midi, pour la conférence réglementaire.

(1) Il n'y eut pas de séance le 15 frimaire.

Ils adressent à la Commission législative du Conseil des Cinq-Cents sept messages arrêtés dans la séance du 14 de ce mois et relatifs, les trois premiers à des demandes des hospices d'Alais, de Chaumont et de Chambly ; les quatrième et cinquième, aux communes de Calais et de Nevers ; le sixième, aux poudres et salpêtres ; le septième, à la liquidation des dépenses de la ci-devant administration des postes.

Les Consuls confèrent ensuite sur divers objets politiques et militaires.

Citoyen Le Roi. — Sur la proposition du ministre de la guerre, le citoyen Le Roi, capitaine au 7ᵉ régiment de cavalerie, est nommé à l'emploi du chef d'escadron vacant au 4ᵉ régiment de même arme, par la retraite du citoyen Jannier.

La séance est levée. Le citoyen Bonaparte est désigné Consul de jour.

VINGT-QUATRIÈME SÉANCE

Du 17 frimaire.

LE CITOYEN BONAPARTE, CONSUL DE JOUR

La séance est ouverte par la lecture de la correspondance.

Suède. — Le ministre des relations extérieures communique aux Consuls une lettre du roi de Suède.

Citoyen Otto. — Il leur soumet ensuite un projet d'instruction à donner au citoyen Otto à son passage à La Haye ; les Consuls en approuvent le contenu.

Navire algérien. — Le même ministre fait un rapport sur la prise d'un navire algérien capturé par l'escadre de l'amiral Bruix. Les Consuls décident que le bâtiment sera rendu.

Dans un second rapport, le ministre des relations extérieures rend compte aux Consuls de l'hommage que les membres du gouvernement romain, réfugié à Marseille, ont délibéré de leur faire d'une collection de médailles d'or, trouvées enfouies à Rome et ayant appartenu au prince de Piombino, réputé émigré. Il invite les Consuls à lui faire connaître s'ils veulent accepter cette offre. Les Consuls arrêtent que ces médailles seront achetées et payées aux patriotes romains, et qu'elles seront ensuite partagées entre ceux qui sont à Paris. Gouvernement romain.

Sur la proposition du même ministre, le citoyen Félix Bodard, ci-devant commissaire civil à l'armée de Naples, est nommé au commissariat général des relations commerciales de la République française à Gênes; son traitement est fixé à douze mille francs. Citoyen Félix Bodard.

Le ministre des relations extérieures termine en mettant sous les yeux des Consuls les patentes délivrées par le gouvernement batave au citoyen Quirinus-Jacobus Steurbroeck et au citoyen P.-F Vanheynen, nommés le premier, commissaire général de la navigation batave dans les départements du Nord, du Pas-de-Calais et de la Somme; le second, commissaire de ladite navigation à Nantes. Il propose aux Consuls de leur accorder les *exequatur* qui leur sont nécessaires pour entrer en fonctions : les *exequatur* sont accordés. Consuls bataves.

Sur les propositions du ministre de la marine, les citoyens Rainville, Badeigt-Laborde, Barthes-Pailhès, Gaillard, Duroset et Tongard sont rappelés au service de l'administration de la marine, savoir les quatre premiers, dans leur grade de sous-commissaires, et les deux autres dans celui de commis principal. Marine.

Les citoyens Boisquenay et Maureau sont rappelés au même service, le premier dans son grade de directeur des mouvements, et le second dans celui de chef.

Le citoyen Jean-Gilles Filliol-Caneas est pareillement rétabli à son rang, dans le grade de capitaine de frégate.

Après avoir entendu le même ministre sur la réclama- Espagne.

tion faite par M. l'ambassadeur d'Espagne, au nom de la compagnie royale de Philippines, du remboursement d'une somme de 60,000 piastres effectives fournies par cette compagnie, pour l'armement des frégates *la Vertu* et *la Régénérée*, qui ont servi d'escorte à deux de ses vaisseaux, depuis l'Ile-de-France jusque dans un port d'Espagne, les Consuls ordonnent le remboursement desdites piastres et chargent le ministre de se faire rendre compte, par les administrateurs de l'Ile-de-France, du montant desdits fonds.

Un messager d'État, envoyé par la Commission législative du Conseil des Anciens, est introduit et remet aux Conseils deux lois :

Actes du canton de Paris.

La première déclare authentiques les actes reçus, rédigés et signés par les commissaires du gouvernement qui dans les journées des 18, 19, 20 et 21 brumaire ont remplacé la municipalité du canton de Paris, suspendue durant ces quatre jours, par l'administration centrale du département de la Seine.

Domaines nationaux.

La seconde rectifie, dans l'article 4 de la loi du 11 frimaire, relative aux acquéreurs et mandats de domaines nationaux, l'erreur qui a fait l'objet du message des Consuls du 12 de ce mois, et statue que les sommes et mandats dus par les acquéreurs seront payés en numéraire, au cours de ces mandats du jour de la soumission.

Les Consuls ordonnent que ces deux lois seront publiées, exécutées, et qu'elles seront munies du sceau de la République ; elles sont, en conséquence, adressées de suite à l'enregistrement pour deux expéditions de chacune être envoyées, sans délai, au ministre de la justice avec l'arrêté portant ordre d'impression et de publication dans les formes prescrites par les lois.

Le ministre de la guerre est entendu sur divers objets de son ministère.

Invalides.

Il propose aux Consuls d'adresser un message aux Commissions législatives, pour les inviter à affecter des biens nationaux aux dépenses de la maison des Invalides. Les Consuls ordonnent, avant de prendre un parti sur cet objet, que ce travail sera communiqué au ministre des finances.

Le même ministre propose d'adresser un autre message à la Commission législative du Conseil des Cinq-Cents, pour l'inviter à ordonner la formation d'une seconde Légion polonaise, de deux corps de cette nation, qui sont à l'armée d'Italie. Les Consuls arrêtent que ces deux corps feront partie de la Légion polonaise qui se forme en ce moment en Italie. *Légion polonaise.*

Les Consuls adoptent trois projets d'arrêtés présentés par le même ministre :

Le premier, portant nomination des officiers qui doivent composer le nouveau conseil d'administration de la maison nationale des militaires invalides. *Invalides.*

Le second proroge d'une décade les délais accordés aux jurys militaires des départements de la dix-septième division militaire, pour prononcer sur les réclamations des citoyens appelés par leur âge aux armées, qui s'en prétendent dispensés. *Jurys militaires.*

Par le troisième, les Consuls accordent au citoyen Merlin, chef de brigade au 14ᵉ régiment de cavalerie, une somme de 2,400 francs, à prendre sur les fonds mis à la disposition du ministre de l'intérieur, à titre de supplément de solde pour le temps qu'il a rempli les fonctions de commandant en second de l'École d'équitation de Versailles. *Citoyen Merlin.*

La séance est levée. Le citoyen Roger Ducos est désigné Consul de jour.

VINGT-CINQUIÈME SÉANCE

Du 18 frimaire.

LE CITOYEN ROGER-DUCOS, CONSUL DE JOUR

La séance est ouverte par la lecture de la correspondance.

Lois.
Le ministre de la justice met sous les yeux des Consuls le tableau des décisions par lui rendues depuis le 8 de ce mois jusqu'à ce jour, et celui de la publication des lois comprises dans les derniers Bulletins depuis et y compris celui sous le n° 306.

Citoyen Petit.
Sur la présentation du même ministre, le citoyen Petit est nommé commissaire du gouvernement près le tribunal correctionnel de Dieppe.

Destitutions.
Le ministre de l'intérieur rend compte aux Consuls des plaintes qui lui ont été adressées contre plusieurs administrateurs municipaux, comme ayant négligé l'exécution des lois ou protégé les brigands, les émigrés et autres ennemis de la République, ou comme ayant prévariqué dans l'exercice de leurs fonctions. Sur ses propositions, les Consuls destituent plusieurs membres des administrations municipales des cantons de Castelnau-d'Estretefonds, de Lanta, du Fousseret, de Muret et de Villefranche, de Darnetal, de Valery (1), de Criquetot-Lesneval, de Tilly-la-Campagne, de Martin-de-Fontenay (2) et de Rederkruchten (?).

Les Consuls destituent pareillement le président de l'administration municipale du canton de Blagnac, les agents municipaux des communes de Genbac, d'Angoville, de Tilt (?), de Cazères, de Walham-Paul (?) et de

(1) C'est probablement Saint-Valery-en-Caux.
(2) C'est Saint-Martin-de-Fontenay (Calvados).

Roussines, et les adjoints des communes de Claire (?), de Concœur, de Gibel et de Laulnetz-James (?).

Sont aussi destitués et seront traduits devant les tribunaux, comme étant prévenus de divers délits et abus, les citoyens Dekarver et Brard, commissaires du gouvernement dans les cantons d'Hansdoucke (?) et de Brionne, ainsi que les agents des communes de Miramont, Venerque (?), de Questrecques, et de Sauvain, et l'adjoint de la commune de Gioux.

Les Consuls réorganisent l'administration municipale de Montenach, réduite à la minorité de ses membres par la démission de la majorité. {Municipalité de Montenach.}

Le citoyen Berail, agent municipal de Pibrac, canton de Leguevin, compris, par erreur, dans la destitution prononcée par le Directoire exécutif du 16 fructidor dernier, est réintégré dans ses fonctions. {Citoyen Berail.}

Le ministre de l'intérieur appelle l'attention des Consuls :

1° Sur les abus résultant journellement de l'inexécution des lois relatives à la conservation des récoltes ; il les attribue à la négligence des gardes ruraux et propose de leur substituer des vétérans ; {Gardes ruraux.}

2° Sur la désorganisation dont sont menacées les écoles d'application dépendant du ministère de l'intérieur, si leurs élèves et les ingénieurs qui y sont attachés peuvent être appelés aux armées, en vertu des lois de la réquisition et de la conscription. Il propose de rappeler et de maintenir les uns et les autres à leurs postes respectifs, sauf à les mettre par la suite, et lorsque les circonstances l'exigeront, à la disposition du ministre de la guerre, pour être employés suivant leurs talents et leurs connaissances acquises. {Écoles d'application.}

Le ministre invite les Consuls à adresser à la Commission législative du Conseil des Cinq-Cents la proposition de statuer sur chacun de ces objets, et présente à cet effet deux projets de messages.

Les Consuls approuvent les vues du ministre de l'intérieur et adoptent les deux projets de messages dont il s'agit.

Octroi de Reims. — Ils en adoptent un troisième, proposé par le même ministre, ayant pour objet de proposer à la même Commission de statuer sur une demande de la commune de Reims, qui sollicite l'établissement d'un octroi de bienfaisance à son profit.

Naufragés de Calais. — Le ministre de la police générale expose, dans un rapport, que les émigrés détenus au château de Ham ont fait naufrage sur les côtes de Calais, et qu'ils ne sont dans aucun des cas prévus par les lois sur les émigrés. Il observe qu'il est hors du droit des nations policées de profiter de l'accident d'un naufrage, pour livrer, même à la juste vengeance des lois, des malheureux échappés aux flots. Il propose aux Consuls d'arrêter que lesdits émigrés naufragés seront déportés hors du territoire de la République. Cette proposition est adoptée.

Comptes de Lindet. — Le ministre des finances met sous les yeux des Consuls le compte du citoyen Lindet, son prédécesseur. Il annonce qu'ayant examiné ce compte, il l'a trouvé exact. Les Consuls, après avoir vérifié le résultat de ce compte, déclarent qu'il est conforme aux obligations que le citoyen Lindet avait à remplir comme ordonnateur des dépenses du département des finances; ils l'autorisent en conséquence à sortir de Paris et à transporter son domicile partout où il trouvera convenable sur le territoire de la République.

Rentiers et pensionnaires. — Après avoir entendu le même ministre, les Consuls prennent un arrêté tendant à simplifier la confection et la délivrance des bons qui doivent être remis aux rentiers et pensionnaires, en exécution de la loi du 27 brumaire dernier, pour le payement des arrérages des rentes et pensions du second semestre de l'an VII.

Michel frères, banquiers. — Ils autorisent la réassignation, sur d'autres produits, de plusieurs parties de délégations sur les contributions de l'an VII et années antérieures, dont les citoyens Michel frères, banquiers, sont propriétaires, à la charge par eux, suivant leurs offres, de verser dans trois jours à la Trésorerie nationale une somme en numéraire de six cent quatorze mille huit cent soixante et onze livres seize sols.

Ils autorisent pareillement la coupe de divers lots dans les bois nationaux provenant de l'abbaye de Villers-Bettnach et du prieuré d'Amel et dans les bois des communes de Gercourt, de Torvilliers, de Cirey, de Chatonrupt, de Petite-Hettange et de Graffigny-Chemin. *Bois nationaux.*

Le ministre des finances fait ensuite un rapport sur une demande de la citoyenne Simonin, tendant à obtenir la ratification du contrat passé en vertu d'une loi du 28 nivôse an VI, pour l'échange de sa maison située à Versailles. Il présente un projet de message à la Commission législative du Conseil des Cinq-Cents ayant pour objet de lui proposer de statuer sur le message relatif à cet échange, adressé au Conseil des Cinq-Cents par l'ex-Directoire exécutif, le 11 thermidor an VII ; ce projet de message est adopté. *Citoyenne Simonin*

Les Consuls ajournent leur décision sur un rapport du même ministre relatif à un lot de deux cent soixante-quatorze mille quatre cents francs sorti de la Loterie nationale du 1ᵉʳ de ce mois. *Loterie nationale.*

Le ministre des finances termine en mettant sous les yeux des Consuls l'état des fonds disponibles à la Trésorerie nationale pendant la présente décade et le tableau des demandes des divers ordonnateurs. Les ministres règlent la distribution desdits fonds, et prennent à cet égard quatre décisions pour les dépenses des exercices de l'an V, de l'an VI, de l'an VII et de l'an VIII. *Trésorerie nationale.*

La séance est levée. Le citoyen Siéyès est désigné Consul de jour.

VINGT-SIXIÈME SÉANCE

Du 19 frimaire.

LE CITOYEN SIÈYES, CONSUL DE JOUR

La séance est ouverte par la lecture de la correspondance.

Citoyen Durant. — Le ministre des relations extérieures communique aux Consuls une lettre du citoyen Durant (1), qui rend compte de l'effet produit à Londres par les journées des 18 et 19 brumaire.

Général Beurnonville. — Il soumet aussi aux Consuls un projet d'instruction pour le général Beurnonville, nommé ministre plénipotentiaire à la cour de Berlin.

Ce projet est adopté.

Citoyen Bignon. — Sur la présentation du même ministre, le citoyen Bignon est nommé secrétaire de légation près la même puissance.

Marine. — Sur l'observation faite par le ministre de la marine que les lois actuelles sur la police et la discipline militaire à bord des vaisseaux sont insuffisantes pour obtenir l'exactitude nécessaire au service, les Consuls arrêtent que les généraux commandant des escadres et divisions sont autorisés à faire tels règlements de police et de discipline dont ils reconnaîtront la nécessité pour le maintien de l'ordre et de la subordination à bord des bâtiments armés de la République, pour lesdits règlements être exécutés jusqu'à ce qu'il ait été statué sur les modifications à apporter aux lois existantes.

---

(1) Nous n'avons retrouvé cette lettre ni aux Archives nationales, ni aux Archives du Ministère des Affaires étrangères.

Sur les propositions du même ministre, les Consuls arrêtent :

1° Qu'à compter du 1ᵉʳ nivôse prochain, il ne sera payé aucuns appointements ni suppléments à tous les officiers civils et militaires de la marine et des colonies demeurant à Paris sans faire partie de l'administration centrale, à moins qu'ils n'aient une autorisation nouvelle du ministre pour y rester ; *Service colonial.*

2° Qu'il ne sera proposé aucune demande en avancement, indemnités, vacations, rappel d'aucun traitement et autres réclamations ne faisant pas partie des appointements, d'ici à l'organisation du service maritime et colonial.

Sur le rapport du ministre de la guerre, les Consuls autorisent l'ambassadeur d'Espagne à acheter, en France, pour le compte de son gouvernement, cinq cent mille kilogrammes (un million) de poudre de guerre, au prix fixé par le Corps législatif pour la vente de la poudre pendant l'an VIII. *Espagne.*

Après avoir entendu le même ministre sur la nécessité de pourvoir aux besoins de l'armée d'Italie, et d'assurer le service des vivres de l'aile droite de cette armée, les Consuls arrêtent que la compagnie Jean-Antoine Danzy et Antonini, chargée du service des vivres de cette armée, est autorisée à exporter jusqu'à la concurrence de cent mille myriagrammes de blé, par mois, par le port de Marseille, pour être versés dans les ports de la rivière de Gênes et autres, où les besoins de l'armée d'Italie rendraient cette importation nécessaire. *Armée d'Italie.*

Le même ministre rend compte aux Consuls d'un arrêté pris par le général Saint-Hilaire pour établir une taxe sur les liquides exportés des ports de la 8ᵉ division, pour le produit en être appliqué à l'approvisionnement de l'armée d'Italie. Les Consuls improuvent cette mesure, et chargent le ministre de la guerre d'en donner avis au général Saint-Hilaire.

Un messager d'État, envoyé par la Commission législative du Conseil des Anciens, est introduit et remet aux Consuls cinq lois.

Tribunaux. — La première autorise les tribunaux civils, criminels et correctionnels qui, dans les pays infectés par les rebelles, ont été ou seront obligés de quitter le lieu ordinaire de leurs séances, à continuer provisoirement leurs fonctions dans la commune où ils seront retirés.

Octroi de Paris. — La seconde établit une augmentation des droits d'octroi sur la bière, le poiré et l'orge entrant à Paris, et augmente de deux décimes par franc les droits établis antérieurement.

Armée d'Orient. — La troisième ordonne qu'il sera fait, pour l'armée d'Orient, et en l'an VIII, un fonds de quinze millions à prendre sur les contributions levées en Égypte, et que, sur cette somme, un million sera avancé par la Trésorerie nationale pour les paiements qui peuvent être légitimement réclamés par les militaires et agents d'administration revenant de l'armée d'Orient, et pour les secours à accorder aux femmes dont les maris sont en Égypte.

Département du Liamone. — La quatrième proroge pour le département du Liamone de sept mois les délais établis par les articles 37 et 47 de la loi du 11 brumaire an VII, pour l'inscription des droits d'hypothèque.

Mètre. — La cinquième fixe définitivement le rapport de la longueur du mètre avec les anciennes mesures à trois pieds onze lignes deux cent quatre-vingt-seize millièmes, et ordonne qu'il sera frappé une médaille pour transmettre à la postérité l'époque à laquelle le système métrique a été à sa perfection et l'opération qui lui sert de base.

Les Consuls ordonnent que les cinq lois ci-dessus mentionnées seront publiées, exécutées et qu'elles seront munies du sceau de la République; elles sont, en conséquence, adressées de suite à l'enregistrement pour deux expéditions de chacune être envoyées au ministre de la justice, avec l'arrêté portant ordre d'impression et de publication dans les formes prescrites par les lois.

Le ministre des finances demande et obtient une audience extraordinaire. Il fait un rapport sur la nécessité d'activer par tous les moyens possibles les travaux relatifs à la rentrée des contributions, et de mettre à même la direction établie par la loi du 3 de ce mois d'atteindre le but de son institution ; il demande aux Consuls d'arrêter que les appointements des directeurs, inspecteurs et contrôleurs de la direction dans chaque département, ainsi que les frais de bureaux des directeurs, seront acquittés sur les produits et par les receveurs de l'enregistrement et du domaine national.

<small>Direction des contributions.</small>

La mesure proposée est adoptée.

Sur le rapport du même ministre, les Consuls prennent une décision pour faire payer au même ministre des relations extérieures, sur son crédit de l'an VII, une somme de cent mille francs.

La séance est levée. Le citoyen Bonaparte est désigné Consul de jour.

VINGT-SEPTIÈME SÉANCE

Du 21 frimaire (1).

LE CITOYEN ROGER DUCOS, CONSUL DE JOUR

Les Consuls se réunissent à midi pour la conférence règlementaire.

Le ministre de la justice demande et obtient une audience extraordinaire pour présenter des réflexions sur les modifications qu'il lui paraît urgent de faire à plusieurs dispositions des lois criminelles.

<small>Lois criminelles.</small>

---

(1) Il n'y eut pas de séance le 20 frimaire.

Le ministre, introduit, appelle l'attention des ministres :

1° Sur la nécessité de concilier, dans l'exécution de la loi du 3 brumaire an IV, en ce qui concerne la délivrance aux accusés des copies des pièces de la procédure, la facilité de connaître les charges produites contre eux, avec l'économie que la situation du Trésor public exige ;

2° Sur les avantages qu'il y aurait d'attribuer à la justice correctionnelle la connaissance de plusieurs délits mentionnés au Code pénal et dont la poursuite avait été déférée aux tribunaux criminels ;

3° Sur les modifications dont est susceptible la loi du 20 nivôse an VI, relative à la répression du brigandage et de l'assassinat, et sur une nécessité de proroger cette loi, qui donne une grande extension à la justice militaire, et donne à la justice un moyen assuré d'atteindre et punir les brigands.

Le ministre présente trois projets de messages à la Commission législative du Conseil des Cinq-Cents, contenant la proposition de statuer sur chacun de ces objets. Les Consuls approuvent les vues du ministre et adoptent les projets de messages dont il s'agit.

On adresse à la même Commission quatre messages arrêtés dans les séances précédentes.

La séance est levée. Le citoyen Siéyès est désigné Consul de jour.

VINGT-HUITIÈME SÉANCE

Du 22 frimaire.

LE CITOYEN SIÉYÈS, CONSUL DE JOUR

La séance est ouverte par la lecture de la correspondance.

Le ministre de finances est introduit et fait un rapport sur une demande de l'ambassadeur d'Espagne, tendant à obtenir les permissions d'exporter de France dix mille myriagrammes de plaques de cuivre et de clous du même métal, pour le service de la marine espagnole ; il estime que cette demande doit être accueillie afin de faciliter au gouvernement espagnol tous les moyens d'activer ses forces maritimes. Espagne.

L'exportation est accordée.

Le ministre des finances soumet ensuite aux Consuls un projet d'instruction, pour l'exécution de la loi du 3 frimaire, présent mois, portant établissement d'une commission des contributions directes ; les Consuls adoptent ce projet. Contributions directes.

Le même ministre présente cinq projets de messages à la Commission législative du Conseil des Cinq-Cents, ayant pour objet de lui proposer :

1° De s'occuper de la nouvelle administration forestière, afin d'arrêter le gaspillage des forêts ; Forêts.

2° D'ouvrir aux ministres de la marine, de l'intérieur et des relations extérieures et aux commissaires de la comptabilité et de la Trésorerie nationale les crédits nécessaires pour les dépenses de l'an VIII ; Crédits.

3° De valider les actes qui ont été passés à Valenciennes et dans quelques places voisines pendant l'invasion de l'ennemi, et qui ont été déclarés nuls par les représentants du peuple en mission ; Valenciennes.

4° D'admettre à la liquidation les productions des actes sous seings privés non timbrés, ni enregistrés ; Actes sous seings privés.

5° D'abroger la loi du 1ᵉʳ thermidor dernier, qui établit un impôt progressif sur le traitement des fonctionnaires et employés, et de le remplacer par une retenue uniforme. Traitements des fonctionnaires.

Les Consuls approuvent ces projets de message et en ordonnent l'envoi en la forme ordinaire.

Sur la proposition du même ministre, les citoyens Brette et Rivols sont nommés receveurs généraux des Receveurs généraux.

contributions directes, le premier dans le département des Landes, le second dans celui de l'Aude.

Identité.   Un messager d'État, envoyé par la Commission législative du Conseil des Anciens, est introduit et remet aux Consuls une loi du jour d'hier qui fixe le mode de procéder à la reconnaissance de l'identité d'un individu condamné, évadé et repris.

Les Consuls ordonnent que cette loi sera publiée, exécutée, et qu'elle sera munie du sceau de la République ; elle est en conséquence adressée de suite à l'enregistrement, pour deux expéditions en être envoyées au ministre de la justice, avec l'arrêté portant ordre d'impression et de publication dans les formes prescrites par les lois.

Les Consuls confèrent sur des objets politiques, militaires et diplomatiques. Les ministres de la justice, de la police et de l'intérieur, qui étaient à l'ordre du jour pour le travail du portefeuille, n'ont pu être entendus.

La séance est levée. Le citoyen Bonaparte est désigné Consul de jour.

VINGT-NEUVIÈME SÉANCE
Du 23 frimaire.

LE CITOYEN BONAPARTE, CONSUL DE JOUR

La séance est ouverte par la lecture de la correspondance.

Constitution de l'an VIII.   La Constitution de la République française, que les Commissions législatives et les Consuls avaient été chargés, par la loi du 19 brumaire dernier, de présenter, étant achevée et ayant été signée aujourd'hui, les Consuls adressent à la Commission législative du Conseil des Cinq-Cents un message contenant la proposition de régler par une loi la manière dont elle sera présentée aux Français.

Le ministre des relations extérieures communique aux Consuls des lettres du citoyen Otto. *Citoyen Otto.*

Il leur soumet ensuite un projet de lettre pour le roi de Suède, et un projet d'instruction générale pour les agents diplomatiques à l'extérieur ; ces projets sont adoptés. *Suède. Diplomatie.*

Sur ses propositions, les Consuls nomment le citoyen Henri-Hyppolite Bertrand Fonsenberte, actuellement commissaire de la marine et du commerce à Amsterdam, commissaire général des relations commerciales à Cadix, en remplacement du citoyen Toquesante. *Citoyen Fonsenberte.*

Sur le rapport du ministre de la marine, les Consuls fixent les appointements de l'amiral de l'armée navale à trente mille francs. *Amiral Bruix.*

Ils arrêtent que le général Bruix conservera le commandement de l'armée navale et le grade d'amiral ; en conséquence, que les escadres ou divisions dont l'armement est ordonné à Brest et à Lorient continueront d'être sous ses ordres, quelle que soit leur destination.

Après avoir entendu le même ministre, les Consuls arrêtent diverses promotions et réintégrations dans la marine et dans l'administration maritime ; le tableau en est annexé au procès-verbal (1). *Marine.*

Un messager d'État de la Commission législative du Conseil des Anciens est introduit et remet aux agents quatre lois :

La première ratifie la disposition conclue entre le général en chef Bonaparte et les chevaliers de Malte, portant que les chevaliers de Saint-Jean de Jérusalem qui sont Français, actuellement à Malte, et dont l'état sera arrêté par le général en chef, pourront rentrer dans leur patrie, et leur résidence à Malte leur sera comptée comme résidence en France. *Malte.*

La seconde fixe le prix de la course des chevaux de poste et celui des transports de dépêches. *Postes.*

---

(1) Cette pièce manque.

Course.

La troisième abroge l'article 1ᵉʳ de la loi du 29 nivôse an VI, relative à la course maritime.

Comptables.

La quatrième déclare valablement libérés les comptables qui se sont acquittés de leur débet envers la République, durant le cours forcé du papier-monnaie.

Constitution.

Un second messager d'État, envoyé par la même Commission, est introduit et remet aux Consuls une cinquième loi qui détermine la manière dont la Constitution sera présentée à l'acceptation des citoyens.

Les Consuls ordonnent que ces cinq lois seront publiées, exécutées, et qu'elles seront munies du sceau de la République; elles sont, en conséquence, adressées de suite à l'enregistrement, pour deux expéditions de chacune en être envoyées sans délai au ministre de la justice, avec l'arrêté portant ordre d'impression et de publication dans les formes prescrites par les lois.

Chevaux.

Après avoir entendu le ministre de la guerre, les Consuls arrêtent que tous les chevaux employés à des services publics sont compris dans le dénombrement ordonné par l'article 6 de la loi du 4 vendémiaire, qui prescrit une levée extraordinaire, mais qu'ils ne pourront être choisis pour le service des armées.

La séance est levée. Le citoyen Roger Ducos est désigné Consul de jour.

TRENTIÈME SÉANCE

Du 24 frimaire.

LE CITOYEN ROGER DUCOS, CONSUL DE JOUR

La séance est ouverte par la lecture de la correspondance.

Constitution.

Les Consuls délibèrent sur l'article IV de la loi du 23 frimaire, qui fixe la manière dont la Constitution sera présentée au peuple français ; ils prennent un arrêté pour régler le mode d'ouverture, de clôture et d'envoi à Paris des registres d'acceptation et de non-acceptation de la Constitution.

Ils arrêtent, en même temps, une proclamation aux Français sur le nouveau pacte social, qui fait cesser les incertitudes que le gouvernement provisoire mettait dans les relations extérieures et dans la situation intérieure et militaire de la République. Les Consuls déclarent que la Révolution est fixée aux principes qui l'ont commencée, qu'elle est finie. Proclamation.

Le ministre des finances soumet aux Consuls un plan présenté par les commissions du commerce et de la Banque de Paris pour le remboursement, par voie de loterie, du prêt de douze millions qu'ils ont offert au Trésor public, et remboursable sur les produits en numéraire de la nouvelle subvention de guerre. Les Consuls approuvent ce plan et arrêtent qu'il en sera annexé un double à la minute de leur décision. Loterie.

Ils autorisent le ministre des finances à ordonnancer, sur le crédit ouvert par la loi du 3 de ce mois, pour les dépenses de la direction des contributions directes, deux millions neuf cent vingt-trois mille cinq cents francs, payables par les caisses de la régie, de l'enregistrement et du domaine national, conformément à l'arrêté du 19 de ce mois. Direction des contributions.

Les Consuls confèrent ensuite sur divers objets politiques et militaires. Les ministres de la justice, de la police et de l'intérieur, qui étaient à l'ordre du jour pour le travail du portefeuille, n'ont pu être entendus.

La séance est levée. Le citoyen Siéyès est désigné Consul de jour.

TRENTE ET UNIÈME SÉANCE

Du 25 frimaire.

LE CITOYEN SIÉYÈS, CONSUL DE JOUR

Les Consuls se réunissent à midi pour la conférence réglementaire.

Finances.

Le ministre des finances sollicite et obtient une audience extraordinaire pour présenter ses vues sur les moyens de subvenir aux dépenses de l'an VIII.

Il met d'abord sous les yeux des Consuls le tableau approximatif des charges que le trésor public a à acquitter dans le cours de cette année, et les évalue à six cent quinze millions cent soixante-douze mille francs.

Le ministre des finances examine ensuite les moyens d'élever les recettes au niveau de ces dépenses, les contributions et les revenus ordinaires ne pouvant y atteindre.

Il les trouve :

1° Dans la création de cent cinquante millions, inscriptions foncières, dont les domaines nationaux seraient le gage, avec attributions d'intérêts de prime et autres chances de bénéfice pour les porteurs, qui pourraient exclusivement, jusqu'au 1er vendémiaire an IX, acquérir, par voie de soumission, tout domaine national consistant en fonds ruraux qui seraient à leur convenance ;

2° Dans la vente de plusieurs édifices considérables situés dans la commune de Paris et appartenant à la République, au nombre desquels se trouvent les bâtiments situés entre le Louvre, le Palais national, la place des Tuileries, la place de la Concorde et les rues Florentin et Honoré, l'emplacement de l'Arsenal, celui des Célestins, celui des Filles-Saint-Thomas, le ci-devant Palais-

Royal, etc. Le produit de ces domaines pourrait s'élever à dix millions. Le prix en serait payé, un tiers en bons du syndicat, et les deux autres tiers en numéraire, en vertu d'obligations payables dans l'année de trois en trois mois ;

3° Dans la vente des domaines nationaux situés dans la Belgique, jusqu'à la concurrence de cinq millions. Le prix de ces domaines serait payé, un dixième de l'estimation en numéraire, et les neuf dixièmes de l'estimation, ainsi que le produit des enchères, soit en bons de retraite délivrés aux religieux belges, soit en créances liquidées ou à liquider appartenant à des citoyens de ces mêmes départements.

Les Consuls approuvent ce plan; en conséquence, le ministre des finances leur présente quatre projets de messages à la Commission législative du Conseil des Cinq-Cents, ayant pour objet de lui proposer :

1° De fixer les dépenses de l'an VIII à six cent quinze millions cent soixante-douze mille francs;

2° De créer pour cent cinquante millions d'inscriptions foncières sur les domaines nationaux;

3° D'ordonner la mise en vente de ceux des bâtiments importants, existant dans la commune de Paris qui ne sont pas nécessaires au service public;

4° D'ordonner que les domaines nationaux situés dans les neuf départements réunis seront vendus d'après un nouveau mode, qui, en améliorant le sort des créanciers de l'État dans ces contrées, offrît à leurs habitants de nouveaux motifs d'attachement à la République.

Ces quatre projets de messages sont adoptés.

Sur la proposition du même ministre, le citoyen Lasalle, ex-constituant, est nommé administrateur des finances en Égypte, en remplacement du citoyen Poussielgue, qui a demandé son rappel en France.

Citoyen Lasalle.

La séance est levée. Le citoyen Bonaparte est désigné Consul de jour.

TRENTE-DEUXIÈME SÉANCE

Du 26 frimaire.

LE CITOYEN BONAPARTE, CONSUL DE JOUR

Les Consuls se réunissent à midi pour la conférence réglementaire.

Le ministre de la guerre demande et obtient une audience extraordinaire.

Invalides. Il soumet aux Consuls un projet d'arrêté portant fixation des appointements des membres du Conseil d'administration de la maison nationale des Invalides : ce projet est adopté.

Général Eickmeyer. Sur la proposition du même ministre, le général de brigade Eickmeyer est nommé chef de la *Légion des Francs du Nord;*

Le commissaire des guerres Gauthier est nommé commissaire pour l'organisation de cette légion. Ils en nommeront de concert les officiers, sauf la confirmation des Consuls.

Général Labarolière. Le général de division Labarolière est remis en activité de service et nommé commandant de la 13° division militaire.

Après avoir entendu le ministre des finances, les Consuls prennent une décision pour faire payer au ministre des relations extérieures, sur son crédit de l'an VII, une somme de 60,000 francs.

Un messager d'État, envoyé par la Commission liquidative du Conseil des Anciens, est introduit et remet aux Consuls quatre lois :

Postes. La première organise l'administration de la poste aux lettres en régie intéressée ;

La seconde abroge, à compter du 1ᵉʳ nivôse prochain, la loi du 1ᵉʳ thermidor dernier concernant une retenue progressive sur le traitement des fonctionnaires publics et employés; Traitement des fonctionnaires.

La troisième organise sur de nouvelles bases l'École polytechnique; École polytechnique.

La quatrième attribue aux tribunaux correctionnels la connaissance de divers délits compris dans le Code pénal. Tribunaux.

Les Consuls ordonnent que ces quatre lois seront publiées, exécutées, et qu'elles seront munies du sceau de la République; elles sont en conséquence adressées de suite à l'enregistrement pour deux expéditions de chacune être envoyées sans délai au ministre de la justice, avec l'arrêté portant ordre d'impression et de publication dans la forme prescrite par les lois.

La séance est levée. Le citoyen Roger Ducos est désigné Consul de jour.

TRENTE-TROISIÈME SÉANCE

Du 27 frimaire.

LE CITOYEN ROGER DUCOS, CONSUL DE JOUR

La séance est ouverte par la lecture de la correspondance.

Le ministre des relations extérieures fait un rapport sur l'expédition faite sur la ville de Wetzlar, le 12 de ce mois; il observe qu'il est important de s'assurer si cette expédition a été motivée par quelque agression ou délit de la part des magistrats. Sur sa proposition, les Consuls arrêtent que le commandant de la 26ᵉ division donnera des ordres pour que les motifs et les circonstances de cette expédition soient sévèrement examinés, et fera Wetzlar.

arrêter l'officier qui l'a ordonnée dans le cas où, d'après ledit examen, il paraîtrait constant que les droits assurés à la ville de Wetzlar, en vertu de la déclaration faite au ministre du roi de Prusse par le ministre des relations extérieures, le 22 ventôse an V, auraient été enfreints.

Les Consuls arrêtent en outre que l'officier commandant cette expédition, étant prévenu de n'avoir fait aucune disposition pour préserver son détachement après l'expédition, sera sur le champ arrêté.

Général Le Doyen. — Le ministre de la guerre met sous les yeux des Consuls un mémoire du général de brigade Le Doyen, tendant à se justifier de l'inculpation dirigée contre lui, comme ayant mal défendu le Pas-de-Suze. Pour le mettre à même d'opérer sa justification, le ministre propose de charger le général en chef de l'armée d'Italie de nommer un conseil de guerre pour examiner la conduite du général de brigade Le Doyen dans cette circonstance ; cette proposition est adoptée.

Armée. — Le ministre de la guerre expose dans un rapport qu'à l'époque de la réunion des nouveaux départements à la République, plusieurs militaires domiciliés dans ces départements sont entrés dans les troupes françaises, et qu'il paraît juste de compter à ces militaires leurs services antérieurs chez les puissances étrangères, puisque la République a profité de l'expérience que ces services leur avaient fait acquérir. Sur sa proposition, les Consuls arrêtent que lesdits militaires seront admissibles dans les compagnies de vétérans et à la maison nationale des Invalides, pourvu qu'ils remplissent les conditions exigées par les lois, et qu'ils justifient avoir servi pendant la guerre de la liberté dans les troupes françaises.

Citoyens Meyer et Thomé. — Après avoir entendu le même ministre, sur la conduite courageuse des citoyens Meyer, lieutenant, et Thomas Thomé (1), grenadier dans la garde du Corps législatif, à la

---

(1) Dans l'original, ce nom est écrit *Thomel*. C'est une erreur évidente. Voir, dans la *Revue Bleue* du 10 mars 1894, mon article sur *Bonaparte e*

journée du 19 brumaire dernier, les Consuls élèvent le premier au grade de capitaine, et nomment le second à une sous-lieutenance vacante dans la 96ᵉ demi-brigade d'infanterie de bataille.

Les Consuls arrêtent différentes autres promotions militaires et réintégrations, proposées par le même ministre; le tableau en est annexé au procès-verbal (1).

Promotions.

Un messager d'État, envoyé par la Commission législative du Conseil des Anciens, est introduit et remet aux Consuls une loi qui autorise la production des actes sous seing privé tendant à la liquidation de la dette publique, sans être timbrés ni enregistrés, et dispense des mêmes formalités les actes des administrations et commissaires liquidateurs qui sont délivrés à cet effet.

Actes sous seing privé.

Les Consuls ordonnent que cette loi sera publiée, exécutée, et qu'elle sera munie du sceau de la République; elle est en conséquence adressée de suite à l'enregistrement, pour ux expéditions en être envoyées sans délai au ministre de la justice, avec l'arrêté portant ordre d'impression et de publication dans les formes prescrites par les lois.

Sur les propositions du ministre de la marine, les consuls élisent le citoyen Cabol, enseigne de vaisseau, au grade de lieutenant, et à celui de capitaine de frégate, le citoyen Guieysse, lieutenant de vaisseau.

Citoyens Cabol e Guieysse.

Le ministre des finances demande et obtient une audience extraordinaire; il fait un rapport sur les soupçons auxquels a donné lieu la sortie, du tirage de la loterie nationale du 1ᵉʳ de ce mois, d'un lot de 274,400 fr. Il justifie, tant les administrateurs de la loterie que la receveuse du bureau dans lequel ce lot est échu, de tout reproche d'infidélité. Cependant les Consuls reconnaissant que les administrateurs n'ont pas fait observer avec assez d'exactitude dans cette circonstance les règles dont

Loterie nationale.

---

les poignards des Cinq-Cents : on y trouvera les états de service de Thomas Thomé.

(1) Cette pièce manque.

le service de la loterie exige le scrupuleux maintien, prononcent leur révocation et les remplacent par les citoyens Thabaud, Amelot et Dutramblay.

Poste aux lettres. — Après avoir entendu le même ministre sur l'exécution de la loi du 25 de ce mois, qui organise l'administration de la poste aux lettres en régie intéressée, les Consuls nomment les citoyens Antoine Forie, Augulé, Siéyès et Bernard administrateurs de cet établissement.

La séance est levée. Le citoyen Siéyès est désigné Consul de jour.

TRENTE-QUATRIÈME SÉANCE

Du 28 frimaire.

LE CITOYEN SIÉYÈS, CONSUL DE JOUR

La séance est ouverte par la lecture de la correspondance.

Armée d'Orient. — Le ministre de la guerre appelle l'attention des Consuls sur le sort de l'armée d'Orient; il rappelle les nombreux traits de valeur des braves qui la composent et leur constance héroïque dans les fatigues et les privations de tout genre, qui sera dans la postérité un exemple à citer aux troupes de toutes les nations. Pour rassurer sur leur sort ces intrépides militaires, et maintenir parmi eux cet honneur militaire, premier garant de la gloire française, le ministre invite les Consuls à maintenir au complet les anciens cadres des troupes de cette armée, tant d'infanterie, que de cavalerie et artillerie.

En conséquence, il propose aux Consuls :

1° De former en France quatorze bataillons pour compléter l'infanterie de cette armée, dont chaque bataillon est réduit à cinq compagnies;

2° En ce qui concerne la cavalerie, d'entretenir les sept corps qui la composent, en formant en France un escadron, où tous les officiers, sous-officiers, dragons, chasseurs et hussards qui font partie de ces régiments et qui depuis ont été incorporés dans d'autres seront autorisés à entrer ;

3° Quant à l'artillerie composée de divers détachements, d'arrêter que tous ceux à pied seront réservés pour former le second bataillon du 4° régiment d'artillerie et de laisser dans un régiment d'artillerie à cheval, quatre compagnies vacantes qui seront composées des détachements de cette arme, actuellement à l'armée d'Orient.

Enfin, il propose d'ordonner que les différents détachements d'ouvriers qui sont en Égypte seront incorporés dans une seule compagnie.

Les Consuls adoptent ces diverses propositions.

Ils confirment le citoyen Miot dans le grade de commissaire des guerres, qu'il exerce provisoirement en Égypte.

<small>Citoyen Miot.</small>

Sur les propositions du même ministre, le général de brigade cisalpin Lecchi est nommé chef de la Légion italique.

<small>Légion italique</small>

Le commissaire des guerres Bondurand est chargé de son organisation.

L'un et l'autre sont autorisés à nommer provisoirement les officiers dont la nomination appartient au gouvernement, et sauf son approbation.

Un messager d'État, envoyé par la Commission législative du Conseil des Anciens, est introduit et remet aux Consuls trois lois :

La première fixe le tarif de la taxe des ports de lettres.

<small>Poste.</small>

La seconde établit des octrois municipaux dans les communes de Courtrai, de Reims, de Metz, de Lille, de Calais, de Fontenay-le-Peuple, de Limoges et d'Épinal.

<small>Octrois.</small>

La troisième ouvre divers crédits aux ministres de

l'intérieur, de la marine et des relations extérieures et aux commissaires de la comptabilité et de la Trésorerie nationale.

Les Consuls ordonnent que les trois lois ci-dessus seront publiées et exécutées, et qu'elles seront munies du sceau de la République; elles sont, en conséquence, adressées de suite à l'enregistrement, pour deux expéditions de chacune être envoyées au ministre de la justice, avec l'arrêté portant ordre d'impression et de publication dans les formes prescrites par les lois.

Ministre des relations extérieures. — Le ministre des relations extérieures expose, dans un rapport qu'il serait nécessaire de régulariser par une loi les dépenses qu'il a été autorisé à faire par l'ex-Directoire exécutif et qui sont relatives : 1° aux Français détenus dans le Levant et la Barbarie; 2° à l'indemnité accordée à la légation de Rastadt; 3° à la translation des archives de son département; il présente un projet de message à la Commission législative du Conseil des Cinq-Cents ayant pour objet de lui proposer d'imposer définitivement par une loi ces dépenses sur le crédit de quatre millions qui lui a été ouvert par la loi du 12 fructidor an VI.

Ce projet de message est adopté.

Département de l'Oise. — Sur le rapport du ministre de l'intérieur, les Consuls destituent, comme ayant perdu le confiance publique, les citoyens Quinquet, Playout, Tardu et Auger, membres de l'administration centrale du département de l'Oise, et ils nomment pour composer cette administration, avec le citoyen Viquesnel, administrateur restant, les citoyens Girardin et Borel, ex-législateurs, le citoyen Dumouchy, ex-administrateur, et le citoyen Dauchy, ex-constituant.

Citoyen Labbey. — Après avoir entendu le même ministre, les Consuls confirment la nomination provisoire du citoyen Labbey à la place de quatrième professeur de mathématiques à l'École polytechnique.

Le ministre de l'intérieur termine par un rapport sur les mesures qu'il conviendrait de prendre pour généraliser l'usage du système métrique dans toute la République. Ces mesures devront être consacrées par une loi. Les Consuls arrêtent l'envoi de ce rapport à la Commission législative du Conseil des Cinq-Cents, avec un message contenant les propositions de statuer sur cet objet. *Système métrique.*

Le ministre des relations extérieures présente pareillement et fait adopter un projet de message à la même Commission, contenant la proposition de régulariser par une loi les dépenses qu'il a été autorisé de faire par le Directoire exécutif relativement : *Relations extérieures.*

1° Aux Français détenus dans le Levant et la Barbarie;
2° A l'indemnité accordée à la légation de Rastadt;
3° A la translation des archives de son département.

La séance est levée. Le citoyen Bonaparte est désigné Consul de jour.

TRENTE-CINQUIÈME SÉANCE

Du 29 frimaire.

LE CITOYEN BONAPARTE, CONSUL DE JOUR

La séance est ouverte par la lecture de la correspondance.

Le ministre de la guerre fait un rapport sur la demande faite par le ministre plénipotentiaire de la République batave de l'autorisation d'exporter des fabriques de Liège cinq mille fusils d'infanterie et deux mille cinq cents carabines pour le compte de son gouvernement. Il propose aux Consuls d'autoriser cette exportation; l'autorisation est accordée. *Fusils.*

Sur les propositions du même ministre, les Consuls *Promotions.*

arrêtent diverses promotions et réintégrations militaires : le tableau en est joint aux minutes du procès-verbal.

Gendarmerie. Les Consuls autorisent le ministre de la guerre à ordonner tous les changements de résidence d'officiers de gendarmerie dont il aura reconnu l'utilité. Ils déterminent en même temps les arrondissements dans lesquels ces changements s'opèreront.

Armée d'Orient. Après avoir entendu le même ministre, les Consuls arrêtent un règlement relatif à la distribution des secours qui, en exécution de la loi du 19 de ce mois, doivent être accordés aux femmes dont les maris sont employés à l'armée d'Orient.

Course maritime. Le ministre de la marine fait un rapport sur l'effet de la loi du 23 frimaire an VIII, qui abroge l'article 1er de la loi du 29 nivôse an VI, relative à la course maritime. Il observe que l'abrogation de cette loi remet nécessairement en vigueur la législation précédemment existante ; que cette législation, fixée par le règlement du 26 juillet 1778, est celle qui a été reconnue la plus propre à concilier les intérêts de la République et les droits des puissances neutres, et qu'il importe de prévenir de la part des armateurs français et neutres des erreurs et des interprétations qui contrarieraient les vues d'après lesquelles la loi du 29 nivôse an VI a été rapportée ; en conséquence, il propose aux Consuls d'arrêter que les dispositions prescrites par le règlement du 26 juillet 1778, concernant la navigation des bâtiments neutres, seront strictement observées par tous ceux à qui elles sont applicables, sauf en cas de contraventions de leur part, à subir les confiscations et condamnations en dommages et intérêts déterminés par ledit règlement et par les lois.

Cette proposition est adoptée.

Valenciennes. Un messager d'État, envoyé par le Conseil des Anciens, est introduit et remet aux Consuls une loi de ce jourd'hui, qui valide les actes passés et les jugements rendus à

Valenciennes et dans quelques places voisines pendant l'invasion de l'ennemi.

Les Consuls ordonnent que cette loi sera publiée, exécutée, et qu'elle sera munie du sceau de la République; elle est, en conséquence, adressée de suite à l'enregistrement, pour deux expéditions en être envoyées au ministre de la justice, avec l'arrêté portant ordre d'impression et de publication dans les formes prescrites par les lois.

Citoyen Ramel. — Le ministre des finances soumet aux Consuls les comptes rendus par le citoyen Ramel, ex-ministre des finances, des dépenses par lui ordonnancées sur les divers crédits ouverts à son ministère depuis le 25 pluviôse an IV, jour de son installation, jusqu'au 15 thermidor an VII, époque à laquelle a fini son exercice. Le ministre observe qu'ayant examiné ces comptes, il les a trouvés exacts; en conséquence, il propose aux Consuls de les approuver.

L'approbation est accordée. Le citoyen Ramel est autorisé à sortir de Paris et à transporter son domicile partout où il désirera se fixer sur le territoire de la République.

Bons de réquisition. — Le même ministre dénonce aux Consuls divers abus qui se commettent dans l'admission des bons de réquisition, en paiement des contributions directes de l'an VII et années antérieures; il propose et fait adopter un projet d'arrêté contenant des mesures pour arrêter ces abus, et opérer la liquidation générale des bons de réquisitions, faites depuis le 1ᵉʳ germinal an VII.

Maîtres de postes. — Après avoir entendu le même ministre, et sur ses propositions, les Consuls prennent six arrêtés relatifs à des distributions d'indemnités à des maîtres de postes et à des fixations de relais.

Trésorerie nationale. — Afin d'assurer le service journalier des caisses de la Trésorerie nationale à Paris, les Consuls ordonnent le versement immédiat à la Trésorerie de toutes les recettes en numéraire des douze départements environnant celui de la Seine, à l'exception néanmoins des fonds nécessaires au payement de la solde des hôpitaux, traitement des fonctionnaires publics et du produit des coupes de bois ordinaires de l'an VI, de l'an VII et de l'an VIII.

Les délégations faites sur les départements ci-dessus seront réassignées sans délai sur un nombre suffisant d'autres départements.

Les Consuls s'occupent ensuite des moyens d'assurer le payement des dépenses générales du service, tant aux armées que dans l'intérieur de la République. Ils arrêtent que les ordonnances délivrées par le ministre de la guerre au nom des commissaires ordonnateurs dans les différentes divisions militaires et près les armées, conformément à la décision décadaire du 8 de ce mois, seront payées sans délai, et dans le mois au plus tard, sur les mandats desdits commissaires ordonnateurs.

Les Consuls prennent une décision pour régler une distribution de fonds pendant la présente décade pour dépenses de l'exercice de l'an VI.

Département du Liamone.

Ils autorisent la location pour six années consécutives, au profit du citoyen Delespine, d'un bâtiment national, situé près de Bonifacio, département du Liamone, pour y construire un moulin, dont l'utilité est reconnue.

Ils autorisent des coupes extraordinaires dans divers bois nationaux et communaux.

Citoyen Siéyès.

Les Consuls adressent à la Commission législative du Conseil des Cinq-Cents un message contenant la proposition de décerner au citoyen Siéyès, à titre de récompense nationale, comme ayant éclairé les peuples par ses écrits et honoré la Révolution par ses vertus désintéressées, la propriété de l'un des domaines qui sont à la disposition de l'État.

La séance est levée. Le citoyen Roger Ducos est désigné Consul de jour.

TRENTE-SIXIÈME SÉANCE

Du 30 frimaire.

LE CITOYEN ROGER DUCOS, CONSUL DE JOUR

Les Consuls étant assemblés extraordinairement, on annonce l'arrivée d'un messager d'État, envoyé par la Commission législative du Conseil des Anciens. Il est introduit et remet aux Consuls quatre lois :

La première rappelle et maintient dans leurs postes respectifs les ingénieurs et élèves des écoles d'application dépendant du ministère de l'intérieur, qui sont de l'âge de la réquisition ou de l'âge de la conscription. Ingénieurs.

La seconde ordonne le payement à la famille du général de brigade Duphot, assassiné à Rome, de la somme de cent quarante-deux mille francs, restant due sur celle de cent cinquante mille, qui lui a été accordée par un arrêté en date du 9 germinal an VI, pris par les commissaires envoyés dans la République romaine par le Directoire exécutif. Général Duphot.

La troisième règle le mode de la délivrance aux accusés des copies des pièces de leurs procès. Procédure.

La quatrième, portant que les rôles de la contribution foncière de l'an VIII, tant en principal que centimes additionnels, ne consisteront qu'en une simple copie de ceux de l'an VII. Contribution foncière.

Les Consuls ordonnent que les quatre lois ci-dessus mentionnées seront publiées, exécutées, et qu'elles seront munies du sceau de la République; elles sont, en conséquence, adressées de suite à l'enregistrement pour deux expéditions de chacune être envoyées au ministre de la justice, avec l'arrêté portant ordre d'impression et de publication dans les formes prescrites par les lois.

La séance est levée. Le citoyen Siéyès est désigné Consul de jour.

TRENTE-SEPTIÈME SÉANCE

Du 1ᵉʳ nivôse.

LE CITOYEN SIÉYÈS, CONSUL DE JOUR

Les Consuls se réunissent à midi pour la conférence réglementaire.

<small>Général Masséna.</small> D'après les circonstances où se trouve l'armée d'Italie, ils arrêtent que le général en chef Masséna est investi de pouvoirs extraordinaires, qu'il peut suspendre et renvoyer les généraux qui n'auraient pas sa confiance, et prendre toutes les mesures qu'il jugera convenables pour assurer les communications et établir la police dans les départements faisant partie de l'armée d'Italie.

Les Consuls chargent en même temps les ministres de l'intérieur et de la marine de donner les ordres à Toulon et dans les départements pour que le général en chef Masséna soit vivement secondé, et que l'on adhère à ses réquisitions.

<small>Citoyen Shée.</small> Les Consuls nomment le citoyen Shée à la place de commissaire du gouvernement dans les quatre départements provisoires de la rive gauche du Rhin, en remplacement du citoyen du Bois du Bais, appelé à d'autres fonctions (1).

Un messager d'État de la Commission législative du Conseil des Anciens est introduit et remet aux Consuls trois lois :

<small>Citoyen Siéyès.</small> La première décerne à titre de récompense nationale au citoyen Siéyès le domaine national de Crosne, dépar-

---

(1) Il avait été nommé membre du Sénat conservateur.

tement de Seine-et-Oise, ou tout autre domaine équivalent.

La seconde ouvre au ministre des finances un crédit de 28,417 francs, pour payer les traitements arriérés, pendant l'an VII, des chefs et employés du bureau du triage des titres. *Crédit.*

La troisième autorise le ministre des finances à disposer de la somme de 676,000 francs sur les 4 millions accordés par la loi du 12 fructidor an VI, pour les dépenses de son département pendant l'an VIII, pour ladite somme être employée : 1° aux Français détenus dans le Levant et en Barbarie; 2° au payement des indemnités accordées à la légation de Rastadt; 3° à l'acquit des dépenses occasionnées par la translation des archives du département des relations extérieures.

Les Consuls ordonnent que ces trois lois seront publiées, exécutées et qu'elles seront munies du sceau de la République; elles sont, en conséquence, adressées de suite à l'enregistrement, pour deux expéditions de chacune être envoyées au ministre de la justice, avec l'arrêté portant ordre d'impression et de publication dans les formes prescrites par les lois.

Le ministre des finances présente dans un rapport l'aperçu des dépenses qu'exigera le nouvel ordre de choses ; les Consuls en approuvent les bases. *Finances.*

Des considérations de la plus haute importance exigeant la cessation prompte de l'état provisoire dans lequel sont tous les pouvoirs, et l'accueil que la Constitution reçoit dans les divers départements annonçant l'impatience de la nation de la voir en activité, les Consuls adressent à la Commission législative du Conseil des Cinq-Cents un message contenant la proposition de fixer le jour où la Constitution française sera mise en activité. *Constitution.*

Par le même message, les Consuls invitent les Commissions législatives :

A déterminer le lieu où seront établis le Sénat conservateur, le Tribunat, le Corps législatif et le Gouvernement, et à désigner les costumes de ces autorités;

A mettre à la disposition du gouvernement la garde actuelle du Corps législatif;

Et à statuer sur divers crédits à ouvrir ou à modifier en raison du nouvel ordre des choses, pour le service de l'an VIII.

La séance est levée. Le citoyen Bonaparte est désigné Consul de jour.

TRENTE-HUITIÈME SÉANCE

Du 2 nivôse.

LE CITOYEN BONAPARTE, CONSUL DE JOUR

La séance est ouverte par la lecture de la correspondance.

Mesures de clémence. — Le ministre de la police générale appelle l'attention des Consuls sur le sort des individus qui, à diverses époques de la Révolution, ont été nominativement et par jugement préalable, condamnés à la déportation, ou à d'autres peines. Il observe que les jours de l'acceptation de la Constitution doivent être aussi ceux de la justice nationale et d'une bienveillance universelle; que, s'il est nécessaire d'être rigoureux contre des Français coupables envers la liberté et la République, il ne faut que des lois douces et maternelles pour ceux qui n'ont été qu'égarés. Par ces considérations, il demande aux Consuls d'adresser aux Commissions législatives un message tendant à leur proposer de rendre une loi qui autorise le gouvernement à se prononcer sur les réclamations qui seront faites par les individus condamnés, comme il est dit ci-dessus, et à mettre un terme à la suspension de leurs droits de citoyens quand il la jugera inutile aux intérêts de la République.

Les Consuls approuvent les vues du ministre et adoptent la rédaction du projet de message par lui présenté, contenant la proposition énoncée en son rapport; ce message est adressé de suite à la Commission législative du Conseil des Cinq-Cents.

On adresse aussi à la même Commission le message arrêté dans la séance d'hier, relatif à la nécessité de mettre promptement en activité les pouvoirs consacrés par la Constitution. *Constitution.*

Sur les propositions du ministre de la guerre, les Consuls arrêtent les dispositions suivantes : *Promotion.*

1° Le citoyen Lemarois, chef de bataillon adjoint aux adjudants généraux, est promu au grade d'ajudant général, et sera employé en cette qualité à l'armée du Rhin;

2° Le citoyen Dupont, commissaire des guerres, est remis en activité de service;

3° Le citoyen Guissé, adjudant-major à la 97ᵉ demi-brigade d'infanterie de ligne, est nommé à l'emploi d'adjudant-lieutenant de la place de Strasbourg.

La séance est levée. Le citoyen Roger Ducos est désigné Consul de jour.

TRENTE-NEUVIÈME ET DERNIÈRE SÉANCE

Du 3 nivôse.

LE CITOYEN ROGER DUCOS, CONSUL DE JOUR

La séance est ouverte par la lecture de la correspondance.

Le ministre de l'intérieur appelle l'attention des Consuls sur l'institution des fêtes nationales; il observe que, *Fêtes nationales.*

parmi celles instituées jusqu'à ce jour, il en est qui réveillent des souvenirs capables de porter la division entre les amis de la République. Les seules fêtes qui lui paraissent devoir être conservées sont celles du 14 juillet et du 1er vendémiaire. En conséquence, il invite les Consuls à adresser aux Commissions législatives un message ayant pour objet de leur proposer d'abolir toutes les fêtes commémoratives, excepté celles qui consacrent les deux époques du triomphe de la liberté et de la fondation de la République.

Les Consuls approuvent les vues du ministre et adoptent la rédaction du projet de message par lui présenté, contenant la proposition énoncée en son rapport.

Citoyens Thomé et Pourée. — Les Consuls arrêtent l'envoi d'un autre message aux mêmes Commissions, tendant à leur proposer d'accorder une pension de six cents francs aux citoyens Thomas Thomé et Jean-Baptiste Pourée, qui, le 19 brumaire, ont couvert de leurs corps et de leurs armes le général Bonaparte, et l'ont préservé du poignard des assassins.

Ces deux messages sont expédiés de suite et adressés à la Commission législative du Conseil des Cinq-Cents.

Trésorerie nationale. — Le ministre des finances met sous les yeux des Consuls l'état des fonds disponibles à la Trésorerie nationale pendant la présente décade, ainsi que le tableau des demandes de divers ordonnateurs; il présente en même temps quatre projets de décisions relatives à la distribution desdits fonds pour les dépenses de l'an V, de l'an VI, de l'an VII et de l'an VIII.

Ces quatre projets de décisions sont adoptés.

Monnaies. — Sur le rapport du ministre des finances, le citoyen Laumond est nommé administrateur général des monnaies, en remplacement du citoyen Berthollet, appelé à d'autres fonctions.

Les Consuls confèrent sur divers objets politiques et militaires.

On annonce l'arrivée d'un messager d'État, envoyé par

la Commission législative du Conseil des Cinq-Cents ; il est introduit et remet aux Consuls cinq lois :

La première portant que tout individu nominativement condamné à la déportation sans jugement préalable, par un acte législatif, ne pourra rentrer sur le territoire de la République, sous peine d'être considéré comme émigré, à moins qu'il n'y soit autorisé par une permission du gouvernement, qui pourra le soumettre à tel mode de surveillance qui lui paraîtra convenable. *Déportés.*

La seconde statue que l'anniversaire du 14 juillet 1789, jour de la conquête de la liberté sur le despotisme, et celui du 1ᵉʳ vendémiaire, jour de la fondation de la République, conquise le 10 août 1792, seront célébrés dans toute la République, et supprime toutes les autres fêtes nationales. *Fêtes nationales.*

La troisième accorde aux citoyens Thomas Thomé et Jean-Baptiste Pourée, à titre de récompense nationale, une pension de six cents francs chacun. *Citoyens Thomé et Pourée.*

La quatrième fixe au 4 nivôse l'entrée en fonctions du Sénat conservateur et des Consuls, met la garde actuelle du Corps législatif à la disposition du gouvernement, désigne les édifices nationaux qui seront affectés aux premières autorités, règle le mode de leur correspondance entre elles, autorise le Sénat conservateur à déterminer son costume et celui de ses messagers et huissiers, et les Consuls à déterminer le leur, celui des ministres, des conseillers d'État, de leurs messagers et huissiers, et prescrit celui des autres autorités civiles. *Mise en activité de la Constitution.*

La cinquième modifie, en raison de la prochaine mise en activité de la Constitution, divers crédits accordés par les lois précédentes pour le service de l'an VIII, et ouvre au Corps législatif, au Tribunat, aux Archives, aux trois Consuls, au Conseil d'État, aux secrétaires des Consuls et des conseillers d'Etat et aux sept ministres les crédits nécessaires pour leurs dépenses pendant les neuf mois de l'an VIII qui restent à courir. *Ouverture de crédits.*

Sénat conservateur.

La même loi, en exécution de l'article 22 de la Constitution, prescrit à la régie de l'enregistrement de retenir sur les revenus des bois et domaines nationaux la somme déterminée pour le traitement annuel des membres du Sénat conservateur et pour ses dépenses administratives, et fixe la somme à retenir par la régie pour l'acquit desdits traitements et dépenses administratives pour les neuf derniers mois de l'an VIII.

Les Consuls ordonnent que ces cinq lois seront publiées, exécutées, et qu'elles seront munies du sceau de la République; elles sont, en conséquence, adressées de suite à l'enregistrement, pour deux expéditions de chacune être envoyées au ministre de la justice, avec l'arrêté portant ordre d'impression et de publication dans les formes usitées.

Conformément aux dispositions de la quatrième des lois ci-dessus mentionnées, qui fixe à ce jourd'hui la cessation des fonctions du gouvernement provisoire, les Consuls arrêtent qu'ils cessent toutes fonctions.

La séance est levée.

LE SECRÉTAIRE GÉNÉRAL.

TABLE DES MATIÈRES

	Pages.
Avertissement de l'éditeur	v
Première séance du Consulat provisoire, 20 brumaire an VIII	1
Deuxième séance, 21 brumaire	8
Troisième séance, 22 brumaire	10
Quatrième séance, 23 brumaire	13
Cinquième séance, 24 brumaire	15
Sixième séance, 25 brumaire	17
Septième séance, 26 brumaire	19
Huitième séance, 27 brumaire	20
Neuvième séance, 28 brumaire	22
Dixième séance, 29 brumaire	27
Onzième séance, 1er frimaire	30
Douzième séance, 2 frimaire	32
Treizième séance, 3 frimaire	37
Quatorzième séance, 4 frimaire	40
Quinzième séance, 6 frimaire	46
Seizième séance, 7 frimaire	48
Dix-septième séance, 8 frimaire	52
Dix-huitième séance, 9 frimaire	58
Dix-neuvième séance, 11 frimaire	59
Vingtième séance, 12 frimaire	60
Vingt et unième séance, 13 frimaire	65
Vingt-deuxième séance, 14 frimaire	67
Vingt-troisième séance, 16 frimaire	69

	Pages.
Vingt-quatrième séance, 17 frimaire	70
Vingt-cinquième séance, 18 frimaire	74
Vingt-sixième séance, 19 frimaire	78
Vingt-septième séance, 21 frimaire	81
Vingt-huitième séance, 22 frimaire	82
Vingt-neuvième séance, 23 frimaire	84
Trentième séance, 24 frimaire	86
Trente et unième séance, 25 frimaire	88
Trente-deuxième séance, 26 frimaire	90
Trente-troisième séance, 27 frimaire	91
Trente-quatrième séance, 28 frimaire	94
Trente-cinquième séance, 29 frimaire	97
Trente-sixième séance, 30 frimaire	101
Trente-septième séance, 1er nivôse	102
Trente-huitième séance, 2 nivôse	104
Trente-neuvième et dernière séance, 3 nivôse	105

Paris. — Imp. de la Cour d'appel, L. Maretheux, dir., 1, rue Cassette. — 3283.

Extrait des Statuts

approuvés par l'assemblée du 15 mars 1888.

I

1. Il est institué une Société de l'Histoire de la Révolution française. Son siège social est rue de Furstenberg, 3, à Paris.

2. L'objet de la Société est :

De faire prévaloir la méthode scientifique dans les études sur la Révolution française;

D'offrir un point de ralliement aux personnes qui, à Paris et dans les départements, s'occupent de l'Histoire de France depuis 1789;

De publier des textes inédits ou rares et des œuvres originales touchant l'histoire de France depuis 1789;

D'organiser des conférences historiques à Paris et dans les départements.

II

La Société se compose de membres fondateurs et de membres adhérents. Les membres fondateurs sont les personnes qui ont versé, une fois pour toutes, une somme d'au moins 500 francs. Les membres adhérents versent une cotisation annuelle de 20 francs. Les uns et les autres reçoivent gratuitement toutes les publications de la Société.

Les personnes qui désirent entrer dans la Société doivent se faire présenter par deux membres du Comité directeur qui statue sur l'admission.

III

La Société est administrée par un Comité directeur de 32 membres. L'assemblée générale de la Société renouvelle tous les ans le quart des membres de ce Comité. Le bureau de la Société est nommé annuellement par le Comité.

Ce bureau se compose d'un président, de trois vice-présidents, d'un secrétaire général et d'un secrétaire général adjoint et trésorier. Les membres du bureau sont rééligibles.

Le premier renouvellement du Comité aura lieu en mars 1890.

L'assemblée générale se tiendra tous les ans, le premier dimanche de mars.

PUBLICATIONS
DE LA
SOCIÉTÉ DE L'HISTOIRE DE LA RÉVOLUTION FRANÇAISE

En vente au siège de la Société, 3, rue de Furstenberg.

Qu'est-ce que le Tiers état? par EMMANUEL SIEYÈS, précédé de *l'Essai sur les privilèges*, édition critique avec une introduction par EDME CHAMPION. Paris, 1888, in-8 . . . . . . 4 fr.

Liste des Membres de la Noblesse impériale, d'après les registres de lettres patentes, par ÉMILE CAMPARDON. Paris, 1889, in-8 . . . . 3 fr.

Les Conventionnels, listes par départements et par ordre alphabétique, par JULES GUIFFREY. Paris, 1889, in-8 . . . . 5 fr.

Mémoires secrets de Fournier l'Américain, publiés par F.-A. AULARD. Paris, 1890, in-8 . . . . 5 fr.

La Journée du 14 Juillet 1789, par PITRA, avec notes et introduction par JULES FLAMMERMONT. Paris, 1892, in-8 . . 6 fr.

Mémoires de Chaumette sur la révolution du 10 août 1792, publiés par F.-A. AULARD. Paris, 1893, in-8 . . . . . . 3 fr.

Les Régicides, par E. BELHOMME. Paris, 1893, in-8 . . . 3 fr.

Les généraux morts pour la patrie (1792-1804), notices biographiques, par JACQUES CHARAVAY, publiées par son père. Paris, 1893, in-8 . . . . 5 fr.

Le Serment du Jeu de Paume, fac-similé du texte et des signatures, avec une introduction et des notes par A. BRETTE, et un avant-propos par EDME CHAMPION. Paris, 1893, in-8. 10 fr.

Registre des Délibérations du Consulat provisoire, publié par F.-A. AULARD. Paris, 1894, in-8 . . . . 3 fr.

Les prix désignés ci-dessus sont ceux du tirage sur papier ordinaire, seul mis dans le commerce.

Table générale analytique et alphabétique de la Révolution française (1881-1890). Paris, 1890, in-8. Prix : 1 fr. 50.

PRIX DE L'ABONNEMENT A LA RÉVOLUTION FRANÇAISE

Paris et départements . . . . . . 20 francs.
Étranger . . . . 22 francs.

Les membres de la Société de l'histoire de la Révolution reçoivent gratuitement la *Revue* et les publications de la Société.

Il est fait de ces dernières un tirage sur papier de Hollande, exclusivement destiné aux sociétaires et non mis dans le commerce.

Paris. — Imprimerie L. MARETHEUX, 1, rue Cassette.

www.ingramcontent.com/pod-product-compliance
Lightning Source LLC
Chambersburg PA
CBHW071728090426
42738CB00011B/2413